Inhaltsverzeichnis

Teilbarkeit

Teiler, Vielfache und Primzahlen 2
Teilbarkeitsregeln 4
Gemeinsame Teiler und gemeinsame Vielfache ... 6

Brüche – Vergleichen, Addieren und Subtrahieren

Brüche erweitern und kürzen 8
Brüche vergleichen und ordnen 10
Brüche addieren und subtrahieren 12

Winkel

Winkelarten, Winkel messen und zeichnen....... 14
Winkel an Geradenkreuzungen................ 16

Dezimalbrüche – Umwandeln, Addieren und Subtrahieren

Brüche, Dezimalbrüche und Prozent-
schreibweise........................... 18
Brüche und Dezimalbrüche ineinander
umwandeln............................ 20
Dezimalbrüche vergleichen und runden 22
Dezimalbrüche addieren und subtrahieren 24

Symmetrie

Punktsymmetrische Figuren 26
Drehsymmetrische Figuren 28

Dezimalbrüche und Brüche – Multiplizieren und Dividieren

Dezimalbrüche multiplizieren 30
Dezimalbrüche dividieren................... 32
Brüche multiplizieren...................... 34
Brüche dividieren 36

Körper

Körperformen erkennen und beschreiben........ 38
Schrägbilder zeichnen 40
Netz von Quader und Würfel 42
Oberfläche von Quader und Würfel 44
Vergleichen und Messen von Körpern 46

Daten

Negative Zahlen 48
Häufigkeiten 50
Relative Häufikeit und Wahrscheinlichkeit....... 52
Mittelwerte bilden 54
Daten in Diagrammen darstellen und auswerten .. 56

Zuordnungen

Zuordnungen 58
Proportionale Zuordnungen mit dem Dreisatz 60

Tests

Kapitel Teilbarkeit........................ 62
Kapitel Brüche – Vergleichen, Addieren und
 Subtrahieren 63
Kapitel Winkel 64
Kapitel Dezimalbrüche – Umwandeln, Addieren
 und Subtrahieren 65
Kapitel Symmetrie........................ 66
Kapitel Dezimalbrüche und Brüche –
 Multiplizieren und Dividieren 67
Kapitel Körper 68
Kapitel Daten 69
Kapitel Zuordnungen 70
Jahrgangsstufentest........................ 71

Dieses Heft gehört: Klasse:

2 Teilbarkeit

Teiler, Vielfache und Primzahlen

▶ Grundwissen

Wenn bei der Division einer natürlichen Zahl a ($a \neq 0$) durch eine natürliche Zahl Zahl b kein Rest bleibt, so ist a durch b **teilbar**. Man sagt: b ist ein **Teiler** von a und a ist ein **Vielfaches** von b.
Alle Teiler einer Zahl zusammen bilden die **Teilermenge** dieser Zahl.

Zahlen, die genau zwei Teiler haben (und zwar die 1 und sich selbst), heißen Primzahlen.

Primzahlen sind z.B.: _____

▶ **Auftrag:** Gib die ersten 7 Primzahlen an.

Trainieren

1 Begründe.

a) Warum ist 27 keine Primzahl? _____

b) Warum ist 71 eine Primzahl? _____

2 Ergänze die fehlende Ziffer so, dass eine passende Zahl entsteht.

a) 6 ist ein Teiler von 3___ .   b) 8 ist ein Teiler von 7___ .

c) 12 ist ein Teiler von 7___ .   d) 27 ist ein Teiler von 2___ .

e) 15 ist ein Teiler von 9___ .   f) 13 ist ein Teiler von 6___ .

g) 29 ist ein Teiler von 8___ .   h) 19 ist ein Teiler von 7___ .

i) ___4 ist ein Vielfaches von 11.   j) ___9 ist ein Vielfaches von 13.

k) ___8 ist ein Vielfaches von 39.   l) ___2 ist ein Vielfaches von 24.

m) ___5 ist ein Vielfaches von 17.   n) ___5 ist ein Vielfaches von 19.

o) ___2 ist ein Vielfaches von 23.   p) ___4 ist ein Vielfaches von 18.

q) 11 ist ein Teiler von 12___ .   r) ___44 ist ein Vielfaches von 12.

3 Gib die Teilermengen an.

a) T_{42} = { _____ }   b) T_{59} = { _____ }

c) T_{21} = { _____ }   d) T_{36} = { _____ }

e) T_{68} = { _____ }   f) T_{73} = { _____ }

g) T_{84} = { _____ }   h) T_{69} = { _____ }

i) T_{99} = { _____ }   j) T_{105} = { _____ }

k) T_{124} = { _____ }   l) T_{142} = { _____ }

m) T_{150} = { _____ }   n) T_{117} = { _____ }

o) T_{102} = { _____ }   p) T_{185} = { _____ }

Teiler, Vielfache und Primzahlen   **3**

4 Welche der Zahlen sind Vielfache

a) von 7? _____

21; 25; 35; 50; 63; 72; 84; 121; 135; 149;168;179; 189; 217

b) von 9? _____

17; 27; 44; 72; 98; 108; 163; 198; 216; 243;254; 315; 337

c) von 16? _____

33; 52; 64; 98; 144; 178; 212; 240; 298; 384;428; 464; 490

5 Schreibe in die Lücke „ist Vielfaches von" oder „ist Teiler von".

a) 6 _____ 54.   b) 36 _____ 4.

c) 9 _____ 3.   d) 4 _____ 28.

e) 42 _____ 21.   f) 12 _____ 72.

g) 38 _____ 76.   h) 99 _____ 33.

i) 45 _____ 5.   j) 18 _____ 72.

Anwenden und Vernetzen

6 Welcher Wochentag ist in 24 Tagen?
Diese und ähnliche Fragen können schnell mithilfe der folgenden Tabelle beantwortet werden.

Tage	24	75	105	141	149	300
Rest bei der Division der Tage durch 7						
Wochentag						

a) Ergänze die Tabelle.
Erläutere, wie mithilfe der Tabelle die Wochentage bestimmt werden können.

_____

_____

b) Martin überlegt, ob die Tabelle so erweiterbar ist, dass schnell das zugehörige Datum zu bestimmen ist. Was meinst du dazu?

_____

7 Zerlege dein Geburtsjahr in ein Produkt von Primzahlen. Überlege zuerst, wie man dabei vorgehen sollte.

_____

4 Teilbarkeit

Teilbarkeitsregeln

▶ **Grundwissen**

Eine Zahl ist teilbar durch 10, wenn ihre letzte Ziffer ____ ist.

Eine Zahl ist teilbar durch 5, wenn ihre letzte Ziffer ____ oder ____ ist.

Eine Zahl ist teilbar durch 2, wenn ihre letzte Ziffer ____, ____, ____, ____ oder ____ ist.

Die Summe aller Ziffern einer Zahl nennt man **Quersumme**.

Eine Zahl ist teilbar durch 3, wenn ihre Quersumme durch ____ teilbar ist.

▶ **Auftrag:** Ergänze jeweils zu einem korrekten Satz.

Trainieren

1 Schreibe neben die Zahlen, ob sie durch 10, 5 oder 2 teilbar sind.

100	ist teilbar durch _____	240	ist teilbar durch _____
242	ist teilbar durch _____	55 555	ist teilbar durch _____
55 560	ist teilbar durch _____	68 644	ist teilbar durch _____
75 000	ist teilbar durch _____	88 882	ist teilbar durch _____

2 Bestimme die Quersummen der folgenden Zahlen:

365	Quersumme: _____	453	Quersumme: _____
987	Quersumme: _____	789	Quersumme: _____
1 234	Quersumme: _____	4 321	Quersumme: _____
9 994	Quersumme: _____	9 285	Quersumme: _____
90 407	Quersumme: _____	476 397	Quersumme: _____

3 Streiche die falschen Antworten jeweils durch.

3 | 9994	Ja / Nein	3 ∤ 12345	Ja / Nein	3 ∤ 1236912	Ja / Nein
3 | 90407	Ja / Nein	3 ∤ 963696	Ja / Nein	3 | 34599612	Ja / Nein

4 Trage einen Haken ein, wenn die Zahl in der ersten Reihe durch die Zahl in der ersten Spalte teilbar ist, benutze dazu die Teilbarkeitsregeln.

	30	36	144	120	123 450	36 363	96 360
2	✓						
3							
5							
10							

Teilbarkeitsregeln

5 Schreibe in die Kreise die Teiler der Zahlen.
Hinweis: Die Summe aller Teiler ist 78.

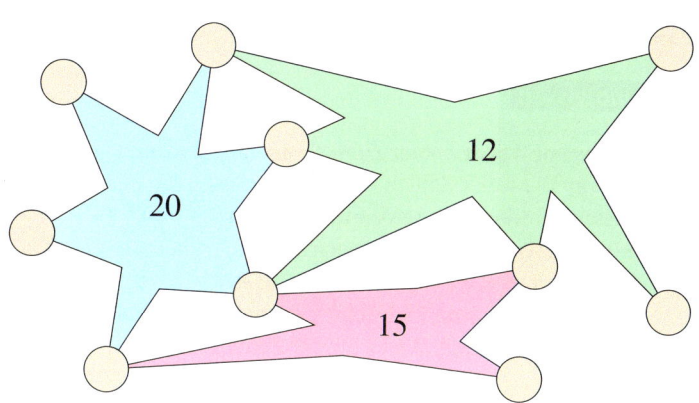

6 Kreuze an.

	72	105	396	45	320	457	5616	9632	6666	4852	2160
2 ist Teiler von …											
3 ist Teiler von …											
4 ist Teiler von …											
5 ist Teiler von …											
9 ist Teiler von …											
10 ist Teiler von …											

7 Trage alle Teiler ein.

a) T_{12} = { _____ }   b) T_{35} = { _____ }

c) T_{37} = { _____ }   d) T_{66} = { _____ }

Anwenden und Vernetzen

8 Eine Mutter hat vier Kinder. Franziska besucht die Mutter jeden zweiten Tag, Martin jeden dritten Tag, Stephanie jeden vierten Tag und Leopold jeden fünften Tag. Am 31. Dezember sind alle vier Kinder bei der Mutter.

a) Markiere mit vier verschiedenen Farben, an welchen Tagen welche Kinder bei der Mutter sind.

Januar
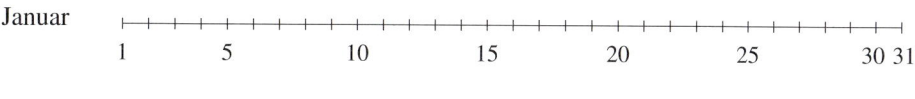

Februar
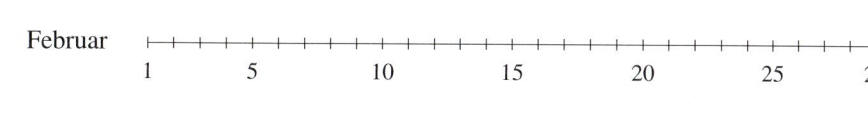

b) Welche Kinder sind am 20. Januar bei der Mutter?

_____

c) Nach wie vielen Tagen treffen sich jeweils alle Kinder bei der Mutter?

_____

d) An welchem Tag sind erstmals wieder alle Kinder bei der Mutter?

_____

6 Teilbarkeit

Gemeinsame Teiler und gemeinsame Vielfache

▶ Grundwissen

Gemeinsame Teiler zweier Zahlen findet man, wenn man die Teilermengen vergleicht. Der **größte gemeinsame Teiler (ggT)** zweier Zahlen ist die größte Zahl, die in beiden Teilermengen vorkommt. Zahlen, deren größter gemeinsamer Teiler 1 ist, heißen **teilerfremd**.
Ähnlich wie bei den Teilermengen kann man auch die Vielfachen einer Zahl in **Vielfachenmengen** aufschreiben, z. B. $V_6 = \{6; 12; 18; …\}$ oder $V_5 = \{5; 10; 15; …\}$. Bildet man die Vielfachen zweier Zahlen, so treten **gemeinsame Vielfache** auf. Diese findet man durch Vergleich der Vielfachenmengen. Das **kleinste gemeinsame Vielfach (kgV)** zweier Zahlen ist die kleinste Zahl, die in beiden Vielfachenmengen vorkommt.

$T_{16} = \{$ _____ $\}$ $T_{24} = \{$ _____ $\}$

$V_{16} = \{$ _____ $\}$ $V_{24} = \{$ _____ $\}$

ggT (16; 24) = _____   kgV (16; 24) = _____

▶ **Auftrag:** Bestimme den ggT und das kgV von 16 und 24.

Trainieren

1 Bestimme jeweils das kleinste gemeinsame Vielfache im Kopf.

a) kgV (5; 7) = _____   b) kgV (12; 4) = _____   c) kgV (21; 14) = _____

d) kgV (4; 7) = _____   e) kgV (15; 20) = _____   f) kgV (12; 5) = _____

2 Trage die Teiler an den richtigen Stellen ein und gib den größten gemeinsamen Teiler an.

a) ggT (15; 24) = _____   b) ggT (18; 30) = _____

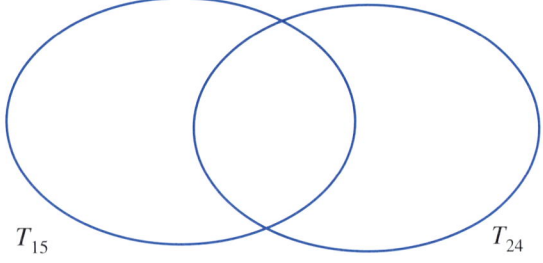
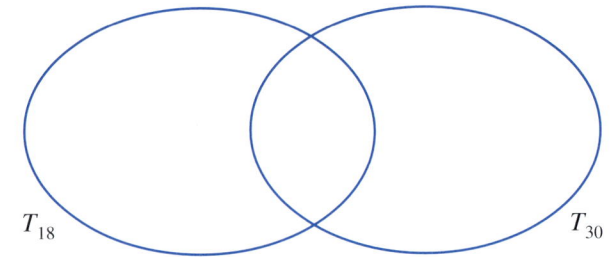

T_{15} T_{24} T_{18} T_{30}

3 Ergänze jeweils zwei Zahlen, die den vorgegebenen größten gemeinsamen Teiler haben.

a) ggT (_____) = 7   b) ggT (_____) = 15

c) ggT (_____) = 11   d) ggT (_____) = 23

e) ggT (_____) = 24   f) ggT (_____) = 23

4 Ergänze jeweils mindestens zwei Zahlen, die das vorgegebene kleinste gemeinsame Vielfache haben.

a) kgV (_____) = 64   b) kgV (_____) = 56

c) kgV (_____) = 30   d) kgV (_____) = 94

e) kgV (_____) = 77   f) kgV (_____) = 99

Gemeinsame Teiler und gemeinsame Vielfache 7

5 Ergänze jeweils drei Zahlen, die den vorgegebenen größten gemeinsamen Teiler haben.

a) ggT (_____) = 7 b) ggT (_____) = 15

c) ggT (_____) = 11 d) ggT (_____) = 23

6 Ergänze.

a	8	6	8			
b	40	24	50	14	15	16
$a \cdot b$				70	90	128
kgV $(a;\ b)$						
ggT $(a;\ b)$						

7 Schreibe alle Teiler der folgenden Zahlen auf. Unterstreiche das ggT beider Zahlen jeweils.

a) T_{35} = { _____ } b) T_{24} = { _____ } c) T_{40} = { _____ }

T_{28} = { _____ } T_{32} = { _____ } T_{100} = { _____ }

d) T_{66} = { _____ } e) T_{12} = { _____ } f) T_{17} = { _____ }

T_{88} = { _____ } T_{25} = { _____ } T_{14} = { _____ }

g) T_{36} = { _____ } h) T_{37} = { _____ } i) T_{10} = { _____ }

T_{24} = { _____ } T_{13} = { _____ } T_{20} = { _____ }

Anwenden und Vernetzen

8 Klaus und Bernd schwimmen beim Training auf 25 m langen Bahnen gleichmäßig hin und her. Klaus benötigt für eine Bahn jeweils 24 Sekunden und Bernd 28 Sekunden.
Wie viele Bahnen ist jeder geschwommen, wenn sie sich nach dem gemeinsamen Start zum ersten Mal wieder am Beckenrand treffen?

_____

_____

_____

9 Max geht mit seinem Vater zur Bushaltestelle. Beide laufen nebeneinander, wobei Max 60 cm lange Schritte und sein Vater 75 cm lange Schritte macht.
Nach wie vielen Metern befinden sich jeweils ihre rechten Füße wieder nebeneinander?

_____

_____

8 Brüche – Vergleichen, Addieren und Subtrahieren

Brüche erweitern und kürzen

▶ **Grundwissen**

Brüche erweitern heißt, für das Ganze eine feinere Einteilung zu wählen. Dazu werden Zähler und Nenner eines Bruches mit der gleichen Zahl multipliziert.

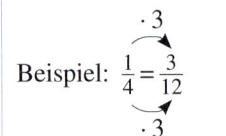 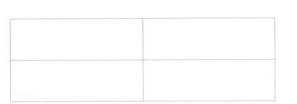 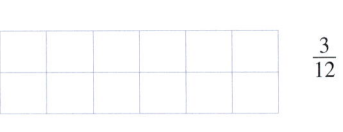

Brüche kürzen heißt, für das Ganze eine gröbere Einteilung zu wählen. Dazu werden Zähler und Nenner eines Bruches durch die gleiche Zahl dividiert.

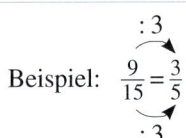  

▶ **Auftrag:** Färbe die angegebenen Brüche in den Rechtecken und vergleiche sie.

Trainieren

1 Unterteile das Rechteck in 6 gleich große Streifen von unten nach oben. Unterteile jeden Streifen in 5 gleich große Teile.

a) Färbe $\frac{2}{6}$ des Rechtecks blau und $\frac{1}{5}$ grau ein. Gib jeweils die Anteile in Dreißigstel an.

blau: $\frac{2}{6} = \frac{}{30}$

grau: $\frac{1}{5} = \frac{}{30}$

ungefärbt: $\frac{}{30}$

b) Gib die Anteile mit anderen Brüchen an.

blau: $\frac{2}{6} = \underline{} = \underline{}$

grau: $\frac{1}{5} = \underline{} = \underline{}$

ungefärbt: $\frac{}{30} = \underline{}$

201

2 Erweitere…

a) mit 5: $\frac{1}{2} =$ _____
b) mit 4: $\frac{3}{5} =$ _____
c) mit 5: $\frac{7}{16} =$ _____
d) mit 2: $\frac{2}{5} =$ _____

e) mit 5: $\frac{7}{8} =$ _____
f) mit 10: $\frac{4}{5} =$ _____
g) mit 9: $\frac{3}{5} =$ _____
h) mit 11: $\frac{6}{7} =$ _____

202

3 Kürze so weit wie möglich.

a) $\frac{4}{12} =$ _____
b) $\frac{15}{21} =$ _____
c) $\frac{28}{42} =$ _____
d) $\frac{36}{48} =$ _____

e) $\frac{20}{20} =$ _____
f) $\frac{26}{39} =$ _____
g) $\frac{45}{60} =$ _____
h) $\frac{60}{90} =$ _____

4 Ergänze die fehlenden Zähler bzw. Nenner.

a) $\frac{5}{6} = \frac{}{24}$
b) $\frac{21}{27} = \frac{42}{}$
c) $\frac{3}{33} = \frac{}{11}$
d) $\frac{}{5} = \frac{5}{25}$

Brüche erweitern und kürzen

5 Wurde hier richtig erweitert oder gekürzt? Schreibe „w" für wahr und „f" für falsch dahinter.

a) $\frac{2}{7} \stackrel{?}{=} \frac{14}{70}$
b) $\frac{5}{25} \stackrel{?}{=} \frac{1}{5}$
c) $\frac{4}{12} \stackrel{?}{=} \frac{4}{3}$
d) $\frac{1}{5} \stackrel{?}{=} \frac{20}{100}$

6 Prüfe, ob die beiden folgenden Lösungswege richtig sind.
Welchen findest du am einfachsten? Begründe deine Entscheidung.

a) $\frac{84}{240} = \frac{42}{120} = \frac{21}{60} = \frac{7}{20}$

b) $\frac{84}{240} = \frac{14}{40} = \frac{7}{20}$

Anwenden und Vernetzen

7 Beim Schulfest sollen Lose an vier Ständen verkauft werden. Die Stände erhalten zwar unterschiedlich viele Lose, jedoch der Anteil der Gewinne soll jeweils $\frac{5}{12}$ betragen. Ergänze die Tabelle.

	Lose insgesamt	Gewinne	Anteil der Gewinne
Stand 1	84	35	$\frac{5}{12} = \frac{35}{84}$
Stand 2		45	
Stand 3	120		
Stand 4		105	

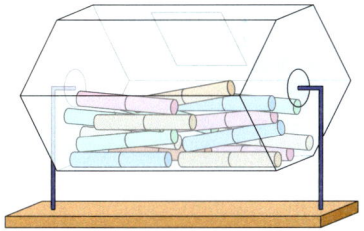

8 Das Grundstück der Familie Manthey ist rechteckig. Es ist 25,0 m breit und 40,0 m lang. Die Grundfläche des Hauses ist 10,0 m breit und 12,5 m lang. Der Schuppen nimmt eine Fläche von 50 m² ein. Verschiedene gepflasterte Wege haben insgesamt eine Fläche von 100 m², der Rasen bedeckt etwa 575 m². Die restliche Fläche nutzen die Mantheys für Gemüse- und Blumenbeete.

a) Zeichne maßstäblich, wie das Grundstück (von oben betrachtet) aussehen könnte.
Hinweis: 1 cm soll 10 m entsprechen.

b) Berechne die Gesamtfläche des Grundstücks.

c) Gib die Anteile an der Gesamtfläche des Grundstücks an. Kürze so weit wie möglich.

Haus: _____ Schuppen: _____

Wege: _____

Rasen: _____ Beete: _____

10 Brüche – Vergleichen, Addieren und Subtrahieren

Brüche vergleichen und ordnen

▶ Grundwissen

Brüche vergleichen: Was ist mehr: $\frac{2}{3}$ oder $\frac{1}{2}$?

Zeichnerische Lösung (farbige Flächen):

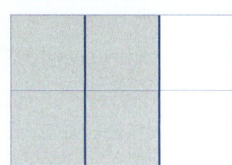 

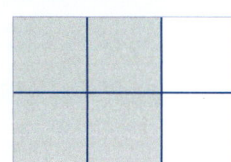 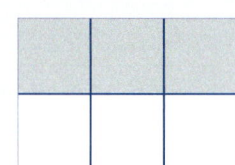

Rechnerische Lösung:

1. Erweitere oder kürze beide Brüche so, dass beide Brüche den gleichen Nenner haben. (Man sagt dann, die Brüche sind **gleichnamig**.)

$$\frac{2}{3} \stackrel{\cdot 2}{=} \frac{4}{6} \qquad \frac{1}{2} \stackrel{\cdot 3}{=} \frac{3}{6}$$

2. Entscheide nach dem Zähler, welcher Bruch größer ist.

$\frac{4}{6} > \frac{3}{6}$

Ergebnis: $\frac{2}{3} = \frac{4}{6} > \frac{3}{6} = \frac{1}{2}$

Was ist mehr: $\frac{4}{7}$ oder $\frac{2}{3}$? _____

▶ **Auftrag:** Vergleiche die Brüche. Ermittle die Lösung rechnerisch.

Trainieren

1 Hier sind die Nenner gleich. Entscheide nach dem Zähler, welcher Bruch größer ist.

a) $\frac{7}{8}$ ☐ $\frac{5}{8}$ b) $\frac{5}{3}$ ☐ $\frac{4}{3}$ c) $\frac{9}{7}$ ☐ $\frac{10}{7}$

d) $\frac{38}{10}$ ☐ $\frac{37}{10}$ e) $\frac{41}{9}$ ☐ $\frac{43}{9}$ f) $2\frac{3}{25}$ ☐ $\frac{53}{25}$

2 Vergleiche die Brüche zeichnerisch. Wähle geeignete Rechtecke.

a) $\frac{2}{3}$ und $\frac{3}{4}$

b) $\frac{3}{10}$ und $\frac{2}{5}$

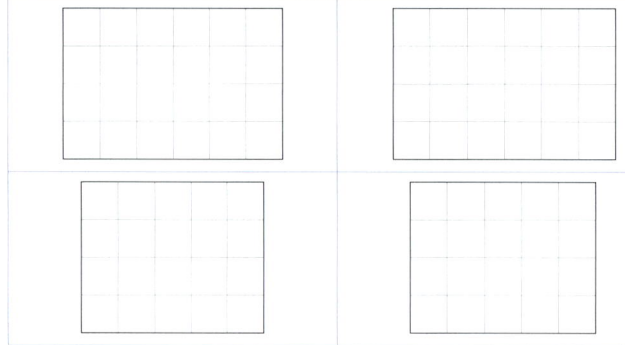

3 Vergleiche die Brüche rechnerisch.

a) $\frac{4}{7}$ und $\frac{5}{6}$ _____

b) $\frac{7}{15}$ und $\frac{11}{20}$ _____

c) $\frac{2}{3}$ und $\frac{4}{9}$ _____

d) $\frac{9}{11}$ und $\frac{5}{8}$ _____

Brüche vergleichen und ordnen

4 Ordne den Brüchen ihre Stelle auf der Zahlengeraden zu. Kürze oder erweitere gegebenenfalls zuerst. Schreibe anschließend alle Brüche nach der Größe geordnet auf. Beginne mit der kleinsten Zahl.

$\frac{1}{4}$ $\frac{5}{10}$ $\frac{6}{12}$ $\frac{3}{4}$ $\frac{5}{20}$ $\frac{12}{16}$ $\frac{1}{10}$ $\frac{7}{10}$

5 Erweitere die Brüche auf den Hauptnenner und ordne sie dann nach der Größe. Beginne mit dem kleinsten Bruch.

$\frac{2}{3}; \frac{3}{4}; \frac{5}{6}; \frac{3}{14}; \frac{5}{12}; \frac{1}{3}; \frac{11}{42}; \frac{3}{7}; \frac{15}{28}; \frac{13}{21}$

6 Finde drei Brüche die gleich $\frac{4}{7}$ sind.

Anwenden und Vernetzen

7 Beim Torwandschießen hat Maren bei 6 von 10 Versuchen getroffen. Felix hat bei 8 von 14 Versuchen getroffen. Wer war besser?

8 In welcher 6. Klasse ist der Anteil an Schülerinnen und Schülern, die in einem Sportverein Mitglied sind, am größten?
Klasse 6 a: 24 Schüler; 12 Vereinsmitglieder   Klasse 6 b: 20 Schüler; 10 Vereinsmitglieder
Klasse 6 c: 22 Schüler; 13 Vereinsmitglieder   Klasse 6 d: 18 Schüler; 9 Vereinsmitglieder

9 Johanna hat auf dem Jahrmarkt 30 Lose gekauft. Sie hat vier Trostpreise gewonnen. Ihr Bruder Jeron hat 25 Lose gekauft und drei Trostpreise gewonnen. Wer hatte mehr Glück?

Paul hat bei 50 Losen 8 Trostpreise erzielt. War er der Beste von den Dreien?

12 Brüche – Vergleichen, Addieren und Subtrahieren

Brüche addieren und subtrahieren

▶ **Grundwissen**

Addieren (Subtrahieren) von Brüchen mit gleichen Nennern
1. Brüche mit gleichen Nennern werden addiert, indem man die Zähler addiert.
   Brüche mit gleichen Nennern werden subtrahiert, indem man die Zähler subtrahiert.
2. Der Nenner bleibt jeweils unverändert.

Addieren (Subtrahieren) von Brüchen mit verschiedenen Nennern
1. Brüche gleichnamig machen, sodass sie den gleichen Nenner haben (erweitern).
2. Zähler addieren (subtrahieren).

3. Wenn möglich: Ergebnis kürzen oder als gemischte Zahl schreiben.

$\frac{7}{8} + \frac{3}{8} =$ _____

$\frac{3}{5} + \frac{6}{7} =$ _____

▶ **Auftrag:** Löse die Aufgaben.

Trainieren

1 Addiere und subtrahiere. Kürze, wenn möglich, das Ergebnis.

a) $\frac{1}{3} + \frac{1}{3} =$ _____

b) $\frac{3}{8} + \frac{2}{8} =$ _____

c) $\frac{51}{60} - \frac{21}{60} =$ _____

d) $\frac{7}{9} - \frac{4}{9} =$ _____

e) $\frac{2}{3} + \frac{1}{3} =$ _____

f) $\frac{12}{7} + \frac{2}{7} =$ _____

g) $\frac{3}{12} + \frac{3}{12} =$ _____

h) $\frac{4}{18} - \frac{3}{18} =$ _____

2 Ergänze die Additionsmauern.

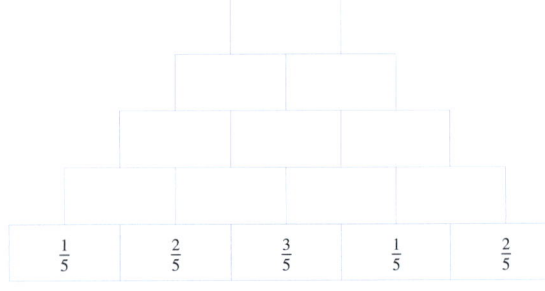

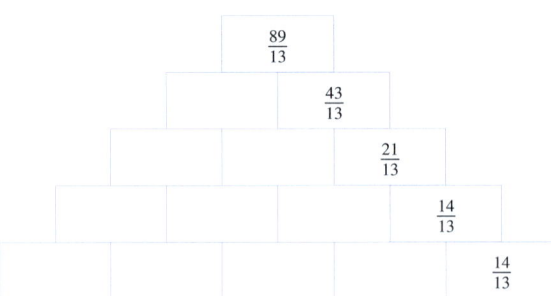

3 Schreibe jeweils Additionsaufgaben und Subtraktionsaufgaben zu den Figuren auf. Löse diese.
Hinweis: Kontrolliere deine Ergebnisse durch Nachzählen der Kästchen.

a)

b)

c)

Brüche addieren und subtrahieren   13

4 Rechne wie im Beispiel vorteilhaft.

a) $\frac{1}{5}+\frac{4}{7}+\frac{3}{5}=$ $\frac{1}{5}+\frac{3}{5}+\frac{4}{7}=\frac{1+3}{5}+\frac{4}{7}=\frac{4}{5}+\frac{4}{7}=\frac{28+20}{35}=\frac{48}{35}=1\frac{13}{35}$

b) $\frac{1}{3}-\frac{2}{5}+\frac{4}{3}=$

c) $\frac{7}{15}-\frac{5}{6}+\frac{8}{15}=$

d) $\frac{9}{11}-\frac{1}{5}+\frac{2}{11}=$

5 Wie groß ist die Differenz der folgenden Brüche zu 1?

a) $\frac{3}{5}$

b) $\frac{4}{7}$

c) $\frac{3}{16}$

d) $\frac{11}{20}$

e) $\frac{2}{25}$

f) $\frac{60}{100}$

g) $\frac{7}{11}$

h) $\frac{35}{100}$

6 Berechne.

a) $2\frac{1}{5}+7\frac{4}{7}=$

b) $11\frac{6}{7}-7\frac{8}{21}=$

c) $6\frac{1}{5}-3\frac{5}{6}=$

Anwenden und Vernetzen

7 Katja hat eine Tafel Schokolade in der Hand.
Sie sagt zu Sandra: „Ich behalte $\frac{3}{5}$ der Schokolade, und du bekommst $\frac{3}{4}$."
Was meinst du dazu?

8 Bringe die Waagen ins Gleichgewicht.

a)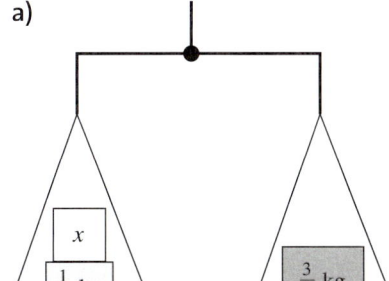

b)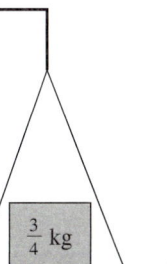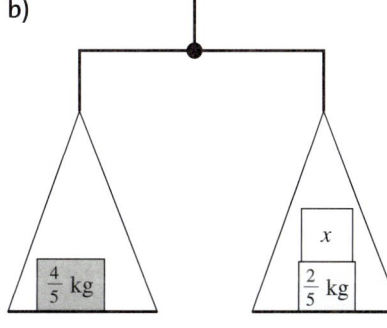

c)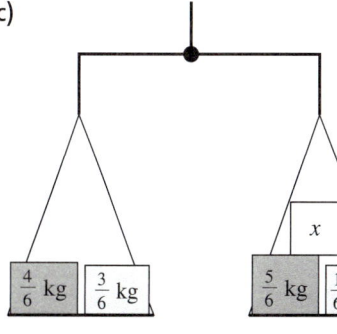

$x=$ $x=$ $x=$

14 Winkel

Winkelarten, Winkel messen und zeichnen

▶ **Grundwissen**

Ein Winkel, dessen Größe zwischen 0° und 90° liegt, heißt _____

Ein Winkel, dessen Größe zwischen 90° und 180° liegt, heißt _____

Ein Winkel, dessen Größe zwischen 180° und 360° liegt, heißt _____

Ein Winkel, dessen Größe 90° beträgt, heißt _____

Ein Winkel, dessen Größe 180° beträgt, heißt _____

Ein Winkel, dessen Größe 360° beträgt, heißt _____

So kannst du Winkel mit dem **Geodreieck** zeichnen oder messen.

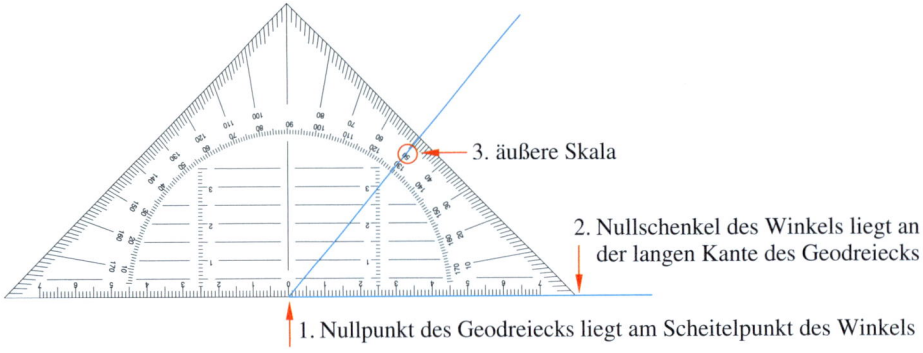

3. äußere Skala

2. Nullschenkel des Winkels liegt an der langen Kante des Geodreiecks

1. Nullpunkt des Geodreiecks liegt am Scheitelpunkt des Winkels

▶ **Auftrag:** Ergänze die Winkelbezeichnungen.

Trainieren

 301

1 Ordne die folgenden Winkelgrößen den entsprechenden Winkelarten zu.

a) 165° _____   b) 321° _____

c) 82° _____   d) 197° _____

 302

2 Miss die markierten Winkel. Addiere zur Kontrolle die Winkelgrößen.

a) Summe der Winkelgrößen: 90°   b) Summe der Winkelgrößen: 180°

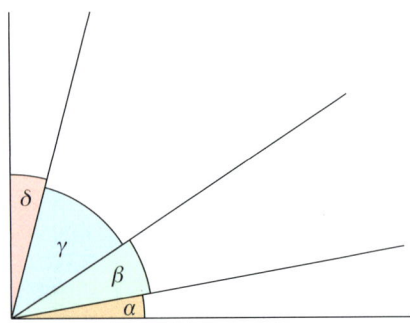 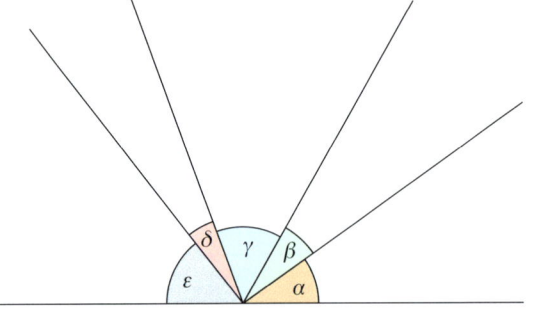

a) α = _____   β = _____   α = _____   β = _____   γ = _____

γ = _____   δ = _____   δ = _____   ε = _____

Winkelarten, Winkel messen und zeichnen

3 Zeichne die Winkel α, β, γ, δ und ε ein.

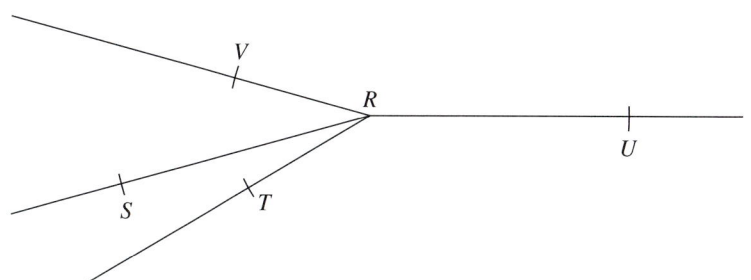

α = ∢TRU
β = ∢VRS
γ = ∢URV
δ = ∢SRT
ε = ∢VRT

4 Zeichne die Winkel, die der Minutenzeiger einer Uhr in der angegebenen Zeitspanne jeweils überstreicht. Gib die Größe des Winkels in Grad an.

a) 5 Minuten

b) 27 Minuten

c) 13 Minuten

Anwenden und Vernetzen

5 Eine Treppe, deren Stufen 20 cm hoch sind und 1 m breit, soll mit einem Neigungswinkel von 32° gebaut werden. Bestimme mithilfe einer maßstäblichen Zeichnung die Stufentiefe.

6 Gib die Größe der Winkel zwischen den Himmelsrichtungen mit und gegen den Uhrzeigersinn an.
Hinweis: N entspricht 0°.

a) Norden und Osten

b) Süden und Nordwesten

c) Südwesten und Osten

16 Winkel

Winkel an Geradenkreuzungen

▶ Grundwissen

Schneiden sich zwei Geraden, so entstehen an der Geradenkreuzung vier Winkel.

Das Paar gegenüberliegender Winkel bezeichnet man

als _____ . Sie sind stets gleich groß.

Nebeneinanderliegende Winkel, die sich zu einem gestreckten Winkel ergänzen, nennt man

_____ . Sie ergänzen sich stets zu 180°.

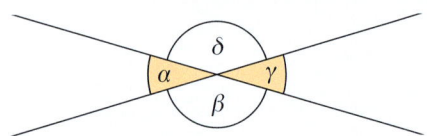

Werden zwei parallele Geraden von einer Geraden geschnitten, so entstehen acht Winkel.

Die farbig markierten Winkel sind ein Paar _____ . Sie sind stets gleich groß.

Die farbig markierten Winkel sind ein Paar _____ . Sie sind stets gleich groß.

▶ **Auftrag:** Gib die richtigen Bezeichnungen für die Winkel an.

Trainieren

1 Errechne die Größen der fehlenden Winkel.

a) $\alpha = 30°$ $\beta =$ ____ $\gamma =$ ____ $\delta =$ ____

b) $\alpha =$ ____ $\beta = 65°$ $\gamma =$ ____ $\delta =$ ____

c) $\alpha =$ ____ $\beta =$ ____ $\gamma = 57°$ $\delta =$ ____

d) $\alpha =$ ____ $\beta =$ ____ $\gamma =$ ____ $\delta = 22°$

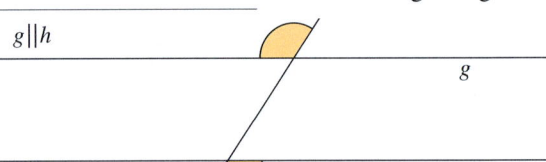

2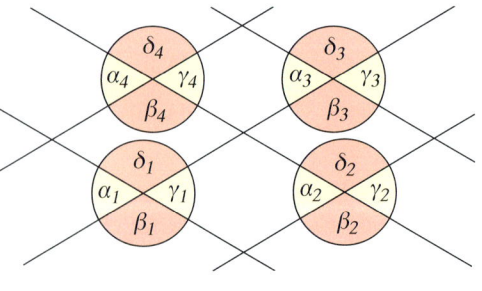

a) Errechne die fehlenden Größen der Winkel, denke an Neben-, Scheitel-, Wechsel- und Stufenwinkel.

$\alpha_1 =$ ____ $\beta_1 =$ ____ $\gamma_1 =$ ____ $\delta_1 =$ ____

$\alpha_2 =$ ____ $\beta_2 =$ ____ $\gamma_2 =$ ____ $\delta_2 =$ ____

$\alpha_3 = 47°$ $\beta_3 =$ ____ $\gamma_3 =$ ____ $\delta_3 =$ ____

$\alpha_4 =$ ____ $\beta_4 =$ ____ $\gamma_4 =$ ____ $\delta_4 =$ ____

b) Gib bei folgenden Winkelpaaren an, um welche Winkel es sich handelt:

δ_2 und β_2 sind _____ γ_3 und α_3 sind _____

α_2 und α_4 sind _____ δ_2 und β_2 sind _____

γ_1 und α_3 sind _____ δ_2 und α_2 sind _____

Winkel an Geradenkreuzungen

3 Bestimme die fehlenden Größen der Winkel.

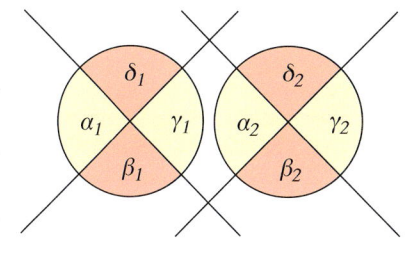

a) $\alpha_1 =$ 80° $\beta_1 =$ ___ $\gamma_1 =$ ___ $\delta_2 =$ ___

b) $\alpha_2 =$ ___ $\beta_2 =$ 17° $\gamma_2 =$ ___ $\delta_1 =$ ___

c) $\alpha_1 =$ ___ $\beta_2 =$ ___ $\gamma_1 =$ 22° $\delta_2 =$ ___

d) $\alpha_2 =$ ___ $\beta_1 =$ ___ $\gamma_2 =$ ___ $\delta_1 =$ 46°

4 Wie groß sind die markierten Winkel im Bild? Begründe.

a)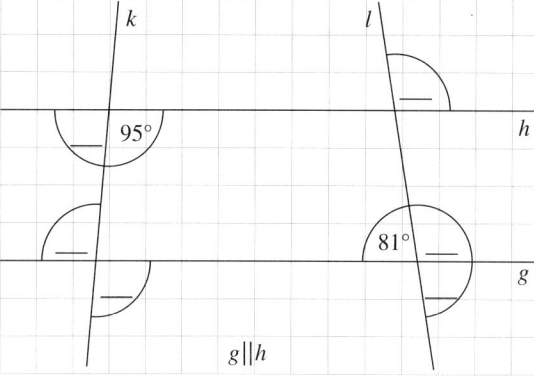

b)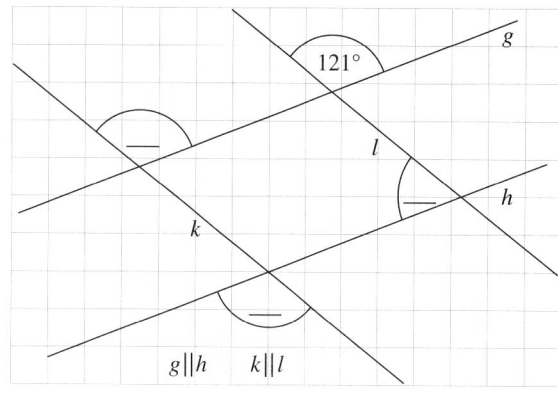

Anwenden und Vernetzen

5 Mike biegt mit seinem Rennrad von der Ebertstraße kommend rechts in den Nordring ein und fährt anschließend links in die Oststraße weiter bis zum Kino. Dort trifft er seine Freundin Berit und erzählt ihr stolz, dass er beide Kurven gleich scharf nehmen musste, um auf dem schmalen Radweg zu bleiben.
Berit denkt kurz nach und meint, dass das gar nicht sein könnte.
Wer von beiden hat Recht?

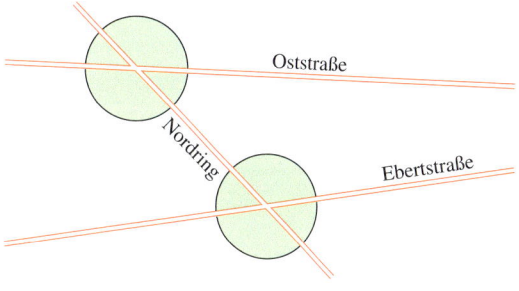

Antwort: _____

_____

6 Cornelia findet in einer Zeitschrift folgende attraktive geometrische Figur und möchte sie nun mit der Schere ausschneiden, um sie an ihr Fenster zu kleben.
Wenn sie mit der Schere die erste Seite geschnitten hat, so muss sie die Schere zunächst um einen Winkel drehen, um die nächste Seite anzuschneiden. Bestimme diesen Winkel und den Innenwinkel der Figur.

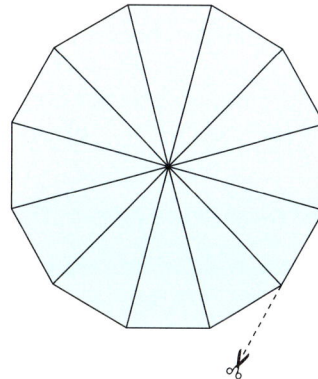

_____

_____

18 Dezimalbrüche – Umwandeln, Addieren und Subtrahieren

Brüche, Dezimalbrüche und Prozentschreibweise

▶ **Grundwissen**

Zahlen in Kommaschreibweise werden **Dezimalbrüche** genannt.
Dezimalbrüche lassen sich in einer **erweiterten Stellenwerttafel** darstellen. Die Ziffern nach dem Komma sind von links nach rechts Zehntel (z), Hundertstel (h), Tausendstel (t) usw.
Dezimalbrüche sind Brüche in einer anderen Schreibweise.
Brüche mit dem Nenner Hundert kann man auch in **Prozentschreibweise** angeben. Das Zeichen % bedeutet „von hundert".
Dezimalbrüche lassen sich am **Zahlenstrahl** darstellen.

Prozent	1 %	5 %		25 %		75 %	100 %
Bruch							
Dezimalbruch	0,01		0,1		0,5		

▶ **Auftrag:** Vervollständige die Tabelle.

Trainieren

1 Ergänze die Stellenwerttafel.

H	Z	E	,	z	h	t	
		3	,	4	9		3,49
	1	8	,	7	1	1	
3	0	5	,	9			
				9	8		
						2	
							53,06
							1,09

2 Schreibe als Bruch und kürze soweit wie möglich.

a) 0,35 = _____

b) 0,06 = _____

c) 3,55 = _____

d) 0,125 = _____

e) 1,7 = _____

3 Schreibe als Prozent.

a) 0,01 _____ b) 0,25 _____ c) 0,56 _____

d) 0,000 25 _____ e) 1,25 _____ f) 2,35 _____

4 Gib die Anteile als Bruch mit dem Nenner 100 oder 1000 an. Schreibe anschließend als Dezimalbruch und in Prozentschreibweise.

a) $\frac{2}{5}$ _____ b) $\frac{7}{8}$ _____ c) $\frac{3}{20}$ _____

d) $\frac{7}{40}$ _____ e) $\frac{60}{240}$ _____ f) $\frac{14}{32}$ _____

g) $\frac{60}{120}$ _____ h) $\frac{270}{360}$ _____ i) $\frac{12}{24}$ _____

5 Vergleiche mithilfe einer Zahlengeraden und rechnerisch.

a) $\frac{1}{5}$ und $\frac{1}{4}$  _____

b) $\frac{7}{10}$ und $\frac{3}{5}$  _____

Brüche, Dezimalbrüche und Prozentschreibweise 19

6 Notiere die Dezimalbrüche, die zu den rot markierten Stellen gehören.

a)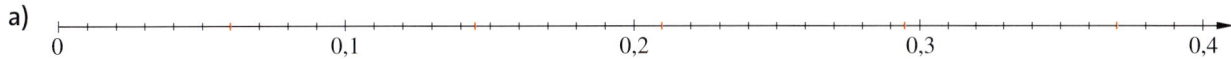

b)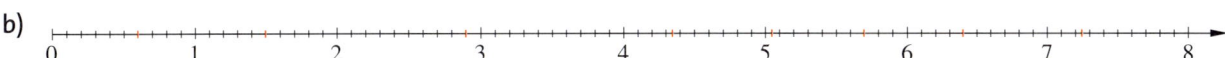

7 Schreibe die Prozentangaben als Dezimalbruch und als gekürzten Bruch.

a) 75 %   b) 50 %

c) 2 %   d) 96 %

e) 18 %   f) 125,5 %

g) 24 %   h) 360 %

i) 14 %   j) 480 %

k) 25 %   l) 30 %

m) 1000 %   n) 750 %

Anwenden und Vernetzen

8 Die Eltern verschiedener Klassen einer Schule wurden befragt, ob ihr Kind einen eigenen Fernseher besitzt.

Klasse	Anzahl der Schüler	davon Besitzer eines eigenen Fernsehers	Anteil	Dezimalbruch	Prozent
5 c	25	2			
6 a	32	4			
7 b	28	7			
7 c	25	5			
9 a	32	12			
9 c	30	6			
10 b	25	4			

a) Vervollständige die Tabelle.

b) In welcher Klasse war der prozentuale Anteil der Kinder, die einen eigenen Fernseher besitzen, am höchsten und in welcher am niedrigsten?

Dezimalbrüche – Umwandeln, Addieren und Subtrahieren

Brüche und Dezimalbrüche ineinander umwandeln

▶ Grundwissen

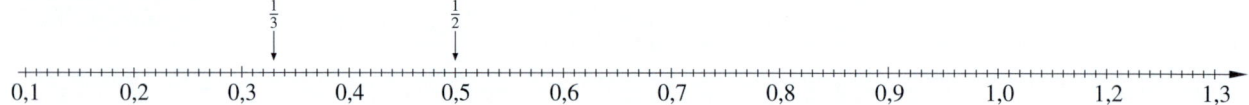

$\frac{1}{2}$ bedeutet dasselbe, wie 1 : 2 = 0,5. Der Bruch $\frac{1}{2}$ ist gleich dem Dezimalbruch 0,5.

Für $\frac{1}{3}$ = 0,333… schreibt man kurz $0,\overline{3}$. Man spricht: „Null Komma Drei Periode".

$\frac{1}{4}$ bedeutet dasselbe wie   1 : 4 = _____ . Der Bruch _____ ist gleich dem Dezimalbruch _____ .

$\frac{3}{4}$ bedeutet dasselbe wie   3 : 4 = _____ . Der Bruch _____ ist gleich dem Dezimalbruch _____ .

$\frac{4}{5}$ bedeutet dasselbe wie   4 : 5 = _____ . Der Bruch _____ ist gleich dem Dezimalbruch _____ .

▶ **Auftrag:** Ergänze den Text und markiere die Brüche auf dem Zahlenstrahl.

Trainieren

403

1 Wandle in Brüche um.

a) 0,3 = _____   b) 6,05 = _____   c) 0,09 = _____

d) $0,\overline{5}$ = _____   e) $0,\overline{17}$ = _____   f) $5,\overline{3}$ = _____

g) 0,06 = _____   h) 0,55 = _____   i) 2,6 = _____

j) 0,02 = _____   k) $0,\overline{9}$ = _____   l) $0,\overline{2}$ = _____

2 Entscheide, welche Zahl größer ist.

a) $\frac{7}{8}$ _____ 0,8   b) 1,33 _____ $\frac{4}{3}$ c) $\frac{9}{7}$ _____ 1,29

d) 0,77 _____ $\frac{7}{10}$ e) 0,7 _____ $\frac{7}{9}$ f) $\frac{3}{25}$ _____ 0,13

g) 0,3 _____ $\frac{1}{4}$ h) 0,7 _____ $\frac{4}{5}$ i) 0,3 _____ $\frac{3}{9}$

j) $\frac{5}{30}$ _____ 0,16   k) $\frac{3}{18}$ _____ 0,2   l) $\frac{4}{32}$ _____ 0,13

402

3 Verwandle die Brüche in Dezimalbrüche und stelle sie am Zahlenstrahl dar.
(TIPP: Fast immer hilft das Umwandeln in einen Zehnerbruch.)

a) $\frac{1}{2} = \frac{5}{10}$ = _____   b) $\frac{1}{4}$ = _____   c) $\frac{1}{5}$ = _____   d) $\frac{1}{8}$ = _____

e) $\frac{3}{4}$ = _____   f) $\frac{7}{5}$ = _____   g) $\frac{8}{25}$ = _____   h) $\frac{3}{2}$ = _____

Brüche und Dezimalbrüche ineinander umwandeln

4 Entscheide.

a) Es gibt keine 3 Dezimalbrüche, die zwischen $\frac{1}{37}$ und $\frac{1}{38}$ liegen. ☐ wahr ☐ falsch

b) Es gibt mehrere ganze Zahlen, die zwischen 20,45 und 27,65 liegen. ☐ wahr ☐ falsch

c) Es gibt mehrere ganze Zahlen, die zwischen 0,12 und 0 liegen. ☐ wahr ☐ falsch

d) Es gibt genau 5 ganze Zahlen zwischen $\frac{36}{11}$ und $\frac{45}{11}$. ☐ wahr ☐ falsch

e) Es gibt genau 7 ganze Zahlen zwischen $4\frac{1}{3}$ und 8,45 ☐ wahr ☐ falsch

5 Gib die drei Zahlen A, B und C jeweils als Dezimalbruch und als Bruch an.

a)

A:		
B:		
C:		

b)

A:		
B:		
C:		

c)

A:		
B:		
C:		

Anwenden und Vernetzen

6 Daniel mischt ein erfrischendes Getränk in einer Glaskanne aus folgenden Zutaten:
$\frac{1}{2}$ l Grapefruitsaft, $\frac{1}{10}$ l Orangensaft und $\frac{1}{4}$ l Mineralwasser.
Wie viel Liter Mixgetränk sind in der Glaskanne? Gib das Ergebnis als Bruch und als Dezimalbruch an.

_____

_____

7 Eine Schneiderin schneidet von einem 100 Meter langen Ballen $2\frac{1}{4}$ m, $3\frac{1}{2}$ m und $1\frac{3}{4}$ m Stoff ab.
Wie viel Meter Stoff wurden insgesamt als Dezimalbruch angegeben abgeschnitten?
Wie viel Meter Stoff bleiben am Ballen übrig.

_____

_____

_____

_____

22 Dezimalbrüche – Umwandeln, Addieren und Subtrahieren

Dezimalbrüche vergleichen und runden

▶ Grundwissen

Dezimalbrüche vergleicht man stellenweise:
Zuerst vergleicht man die Ganzen. Sind die Ganzen gleich, vergleicht man die Zehntel.
Stimmen auch die Zehntel überein, vergleicht man die Hundertstel usw.

Um Zahlen zu runden, gehen wir so vor:
Ist die entscheidende Ziffer eine **0**, **1**, **2**, **3** oder **4, dann runden wir ab**.
Ist die entscheidende Ziffer eine **5**, **6**, **7**, **8** oder **9, dann runden wir auf**.

Beispiele: Runden auf …
Zehntel → Hundertstel ansehen   7,4**3** ≈ 7,4   (Die entscheidende Ziffer
Hundertstel → Tausendstel ansehen   7,42**8** ≈ 7,43   ist hier blau gefärbt.)

16,594 _____   39,145 _____

▶ **Auftrag:** Runde die Zahlen jeweils auf Hundertstel und Zehntel.

Trainieren

1 Stellenwerttafel

a) Gib die Zahlen aus der Stellenwerttafel an.

T	H	Z	E	z	h	t	zt	ht
		5	0	2	0	2		
1	0	0	7	8	0	8	0	0

b) Trage folgende Zahlen in die Stellenwerttafel ein.
1 578,002 5; 0,404 8; 1,500 700 0; 1,080 4

c) Ordne die Zahlen aus Teilaufgabe a und b nach der Größe.
Beginne mit dem kleinsten Wert.

405

2 Runde auf Zehntel.

a) 12,24 _____   b) 39,85 _____   c) 90,08 _____

d) 19,033 _____   e) 0,754 _____   f) 10,005 _____

g) 85,677 _____   h) 42,119 _____   i) 0,049 _____

3 Runde auf Hundertstel.

a) 10,843 _____   b) 26,791 _____   c) 0,779 _____

d) 69,815 _____   e) 1,244 _____   f) 49,505 _____

4 Ordne die jeweiligen Preise den gewogenen Mengen derselben Sorte Käse zu.

0,655 kg	0,452 kg	0,762 kg	0,56 kg	0,852 kg	0,612 kg

17,51 €	15,05 €	19,58 €	14,06 €	10,39 €	12,87 €

Dezimalbrüche vergleichen und runden

5 Runde auf Tausendstel.

a) 1,7544 _____   b) 12,0555 _____   c) 70,1073 _____

d) 0,4554 _____   e) 28,5205 _____   f) 31,7124 _____

g) 54,8901 _____   h) 9,0006 _____   i) 28,5078 _____

j) 59,999 _____   k) 67,0999 _____   l) 0,00096 _____

6 Notiere die Zahlen, die zu den farbig markierten Stellen gehören.

a) [Zahlenstrahl von 0 bis 0,3]

b) [Zahlenstrahl von 0 bis 7]

7 Ordne die Dezimalbrüche jeweils der Größe nach. Beginne mit der kleinsten.

a) 0,452; 0,99; 0,254; 0,945; 0,989; 0,53 _____

b) 5,83; 5,413; 5,9; 5,42; 5,417; 5,839 _____

c) 0,777; 7,07; 0,007; 7,007; 7,7; 0,707 _____

Anwenden und Vernetzen

8 Alex, Ugur, Uwe, Ali, Jan und Lars starteten bei einem Wettkampf beim 50-m-Lauf, beim Hochsprung und beim Weitsprung.

	50-m-Lauf	Hochsprung	Weitsprung
Alex	9,7 s	1,10 m	3,12 m
Ugur	11,7 s	1,15 m	3,29 m
Uwe	9,4 s	0,90 m	3,17 m
Ali	11,2 s	1,20 m	3,25 m
Jan	10,9 s	1,05 m	3,07 m
Lars	11,9 s	1,15 m	3,32 m

Ermittle für jede Disziplin, wer den ersten, zweiten bzw. dritten Platz belegte.

50-m-Lauf: _____

Hochsprung: _____

Weitsprung: _____

9 Mario sagt: „Mein Meerschweinchen hat eine Körperlänge von rund 30 cm und wiegt rund 1,1 kg."

Welche Körperlänge hat Marios Meerschweinchen mindestens, welche höchstens? Gib die Körperlänge in cm auf eine Stelle nach dem Komma an.

_____

24 Dezimalbrüche – Umwandeln, Addieren und Subtrahieren

Dezimalbrüche addieren und subtrahieren

▶ **Grundwissen**

Dezimalbrüche addieren
1. Überschlage zuerst.
2. Schreibe die Zahlen stellengerecht untereinander. Einer unter Einer, Zehntel unter Zehntel, Hundertstel unter Hundertstel, …
3. Addiere schriftlich wie mit natürlichen Zahlen. Achte aber auf das Komma. Prüfe dein Ergebnis.

Dezimalbrüche subtrahieren
1. Überschlage zuerst.
2. Schreibe die Zahlen stellengerecht untereinander. Einer unter Einer, Zehntel unter Zehntel, Hundertstel unter Hundertstel, …
3. Subtrahiere schriftlich wie mit natürlichen Zahlen. Achte aber auf das Komma. Prüfe dein Ergebnis.

5,2 cm + 4,9 cm _____

9,8 cm – 3,6 cm _____

▶ **Auftrag:** Rechne im Kopf und überprüfe zeichnerisch.

Trainieren

1 Ordne mithilfe des Überschlags jeder Aufgabe ihr Ergebnis zu. Zeichne Pfeile ein.

| 45,6 + 454,89 | 4,36 + 854,89 – 56,8 + 20,6 | 564,3 + 54,859 – 560,806 | 260,777 – 89,3 – 77,859 |

| 823,05 | 93,618 | 500,49 | 37,847 | 58,353 |

406

2 Überschlage zuerst. Rechne danach schriftlich.

a) 254,332 + 250,321 b) 496,576 + 78,504 c) 1,857 + 99,98

407

d) 350,444 – 305,999 e) 278,37 – 28,792 f) 476,57 – 76,576

Dezimalbrüche addieren und subtrahieren 25

3 Berechne folgende Aufgaben schriftlich.

a) 73,41 + 232,45 + 0,63

b) 974,36 − 123,45 − 0,63

Anwenden und Vernetzen

4 In einem Geschäft werden Preise neu ausgezeichnet.

a) Gib in der Tabelle die Veränderungen der Preise an.

b) Können vor und nach der Preisveränderung 500 g Butter, 2 l Milch und ein Päckchen Eier mit einem 5-€-Schein bezahlt werden?

Produkt	alter Preis	neuer Preis	Veränderung
250 g Butter	1,07 €	0,99 €	
Marmelade	1,67 €	1,49 €	
1 l Milch	1,07 €	0,85 €	
Päckchen Eier	1,27 €	1,29 €	

5 Thomas benötigt einen neuen Schlauch für sein Fahrrad. Der Dynamo ist auch defekt. Er hat noch 19,00 €.
Bei Zweirad Huber in Neustadt kostet ein Schlauch 5,49 € und ein Dynamo 9,80 €.
Bei Radsport Müller in Altstadt kosten ein ähnlicher Dynamo 8,99 € und ein Schlauch 5,95 €.

Wie viel Euro kann Thomas übrig behalten?

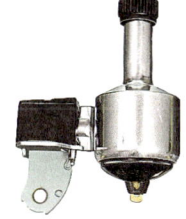
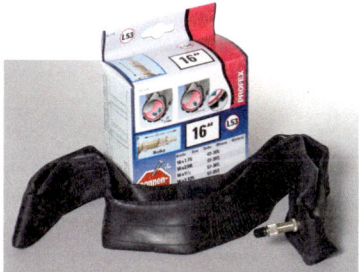

26 Symmetrie

Punktsymmetrische Figuren

▶ Grundwissen

Eine Figur, die ihr Aussehen bei einer halben Drehung um einen Punkt nicht ändert, nennt man punktsymmetrisch. Der Punkt, um den die Figur gedreht wird, heißt Symmetriepunkt S.

Eine Punktspiegelung hat folgende Eigenschaften:
– Originalpunkt und Bildpunkt haben denselben Abstand zum Symmetriepunkt.
– Die Verbindungsstrecke von Originalpunkt und Bildpunkt verläuft durch den Symmetriepunkt.
– Liegt der Originalpunkt auf dem Symmetriepunkt, dann ist dieser gleichzeitig auch Bildpunkt.

▶ **Auftrag:** Gib den Mittelpunkt der Spielkarte an.

Trainieren

501

1 Welche der folgenden Spielkarten sind punktsymmetrisch?
Zeichne in diesen Bildern den Mittelpunkt ein.
Begründe gegebenenfalls, warum keine Punktsymmetrie vorliegt.

2 Ergänze zu punktsymmetrischen Figuren.

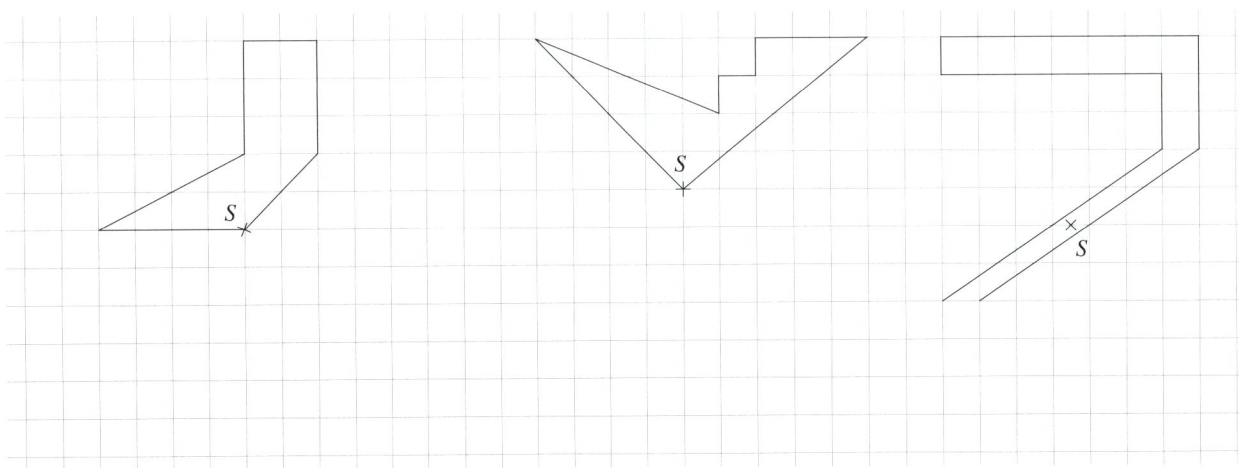

3 Vervollständige die halbe Spielkarte durch Punktspiegelung am Punkt S. Fällt dir etwas auf?

_____

_____

_____

_____

Anwenden und Vernetzen

4 Symmetrie bei Flächen

a) b) c) d)

e) f) g) h)

	punktsymmetrische Figur	achsensymmetrische Figur
a)		
b)		
c)		
d)		
e)		
f)		
g)		
h)		

28 Symmetrie

Drehsymmetrische Figuren

▶ **Grundwissen**

Kommt eine Figur bei einer Drehung um einen **Drehpunkt D** zur Deckung, so nennt man die Figur **drehsymmetrisch**. Dabei liegt der Drehwinkel α zwischen 0° und 360°.
Der Drehwinkel wird auch **Symmetriewinkel** genannt.

_____

_____

▶ **Auftrag:** Was geben die roten Linien an?

Trainieren

502

1 Die Bilder zeigen drehsymmetrische Figuren. Bestimme jeweils den Drehpunkt und den Symmetriewinkel.

Garten-Senfrauke   Dreimasterblume   Schneekristall

   _____   _____

2 Ergänze zu drehsymmetrischen Figuren.

Drehsymmetrische Figuren

3 Welche der folgenden Flaggen sind drehsymmetrisch? Welche sind achsensymmetrisch?
Hinweis: Zeichne gegebenenfalls den Drehpunkt bzw. die Symmetrieachse ein.

Schweiz

_____

_____

Schweden

_____

_____

Jamaika

_____

_____

Bayern

_____

_____

Südkorea

_____

_____

Kanada

_____

_____

Anwenden und Vernetzen

4 Kann der linke Drachen so gedreht werden, dass er mit dem rechten Drachen zusammenfällt?
Begründe deine Meinung.

_____

_____

_____

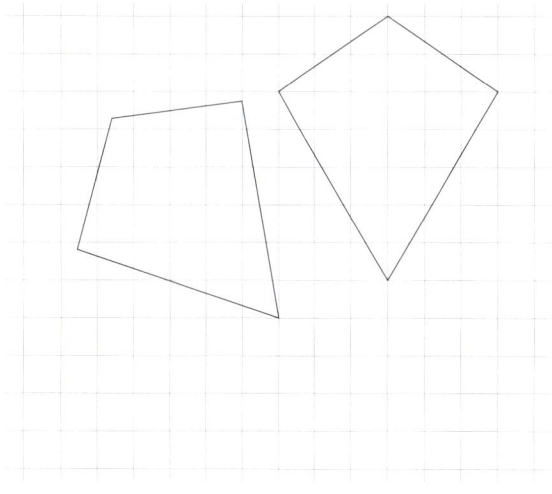

5 Auf einem Platz gibt es ein Karussell für kleine Kinder. Sophie hat festgestellt, dass eine Fahrt 90 s dauert und am Ende jeder Fahrt ein anderes Tier direkt neben der einzigen Kasse zu stehen kommt.
Zuerst war es das Lama, dann der Esel und nun der Tiger.
Ihr kleiner Bruder möchte unbedingt eine Runde auf dem Löwen sitzen.
Wie viele Minuten dauert es noch, bis er direkt an der Kasse auf den Löwen steigen kann?

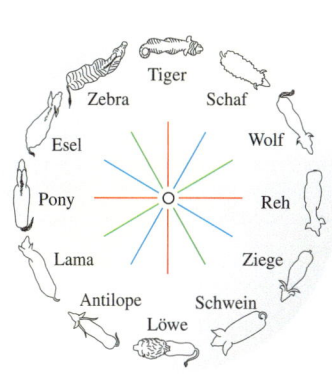

_____

_____

30 Dezimalbrüche und Brüche – Multiplizieren und Dividieren

Dezimalbrüche multiplizieren

▶ **Grundwissen**

Aufgabe: 38,1 · 2,89

3	8,	1	·	2,	8	9
		7	6	2		
		3	0	4	8	
			3	4	2	9
	1	1	1			
1	1	0,	1	0	9	

Überschlag: 40 · 3 = 120

38,1 → eine Stelle nach dem Komma

2,89 → zwei Stellen nach dem Komma

Das Ergebnis hat 1 + 2 = 3 Stellen nach dem Komma. Das Komma kann auch nach dem Überschlag gesetzt werden.

Aufgabe: 6,78 · 1,72

6,	7	8	·	1,	7	2

Überschlag: _____

6,78 → _____ Stellen nach dem Komma

1,72 → _____ Stellen nach dem Komma

Das Ergebnis hat _____ Stellen nach dem Komma

▶ **Auftrag:** Rechne die Aufgabe 6,78 · 1,72 schriftlich. Mache auch den Überschlag.

Trainieren

1 Berechne im Kopf.

a) 0,7 · 2 = _____   b) 1,4 · 4 = _____   c) 2,3 · 5 = _____   d) 5,4 · 2 = _____

e) 3 · 0,3 = _____   f) 6 · 1,5 = _____   g) 3 · 0,4 = _____   h) 4,2 · 5 = _____

i) 4 · 1,2 = _____   j) 1,3 · 7 = _____   k) 1,9 · 5 = _____   l) 6 · 0,9 = _____

2 Ordne mithilfe des Überschlags jeder Aufgabe ihr Ergebnis zu. Zeichne Pfeile ein.

9,3 · 87   19,3 · 7,859   19,02 · 7,87 · 2,5   89,3 · 60,72   2,003 · 77,5 · 30,24

151,6787   374,2185   4694,2308   5422,296   809,1

601

3 Rechne schriftlich. Überschlage das Ergebnis jeweils im Kopf.

a) Überschlag: 23 · 6 =   b) Überschlag: _____   c) Überschlag: _____

2	3,	4	·	6

2,	2	5	·	1	4

3	6,	8	9	·	2	1

Dezimalbrüche multiplizieren

4 Ein Sportverein veranstaltet jährlich einen „Eurolauf".
Jeder Läufer bekommt 25 ct für jeweils 500 m,
die zurückgelegt wurden.
Alle bemühen sich natürlich eine möglichst lange
Strecke zurückzulegen.

Hier die Ergebnisse eines Teams:
Antje: 3,5 km
Sophia: 4,2 km
Nina: 3,8 km
Max: 5,7 km
Tim: 6,5 km
Peter: 5,6 km

a) Wie viel Euro bekommt das Team?

_____

_____

b) Wie viel Euro würde das Team bekommen, wenn
nicht für jeweils 500 m je Läufer, sondern für je
500 m des Teams 25 ct gezahlt werden würden?

_____

_____

Anwenden und Vernetzen

5 Ole möchte seine Freunde zu Kuchen einladen. Er kauft 3 Stück Apfelkuchen zu je 1,05 € und 4 Stück Zuckerkuchen zu 0,95 €. Er rechnet im Kopf aus, dass alles zusammen 6,95 € kostet. Stimmt sein Ergebnis?
Schreibe zwei Lösungswege zur Berechnung des Gesamtpreises auf.

_____

_____

_____

6 Frau Schmidt möchte im Garten auf zwei Flächen Rasen neu säen.
Eine Rasenfläche soll ein Quadrat mit 3,70 m Seitenlänge sein. Die andere Rasenfläche bekommt die Form eines Rechtecks mit 5,40 m und 11,70 m langen Seiten.
Im Baumarkt hat sie die Wahl zwischen Tüten mit 1 kg Rasensamen für 19,99 €, die für ca. 50 m² reichen, und Tüten mit 500 g Rasensamen für 12,99 €, die für ca. 25 m² reichen.
Welche sollte Frau Schmidt kaufen? Begründe deine Entscheidung.

Dezimalbrüche dividieren

▶ **Grundwissen**

Aufgabe: 56,58 : 6,9

5	6	5,	8	:	6	9	=	8,	2
−	5	5	2						
		1	3	8					
	−	1	3	8					
				0					

Überschlag: 56 : 7 = 8

Komma nach rechts verschieben: 565,8 : 69
Das Komma wird gesetzt:
beim Überschreiten des Kommas in 565,8
  oder
nach dem Überschlag.
Das Ergebnis 8,2 passt zum Überschlag.

Aufgabe: 49,98 : 5,1

Überschlag: _____

Komma nach rechts verschieben: _____

Das Ergebnis _____ passt zum Überschlag.

▶ **Auftrag:** Rechne schriftlich. Mach zuvor den Überschlag.

Trainieren

1 Rechne im Kopf.

a) 3 : 0,2 = _____   b) 1,8 : 2 = _____   c) 6,3 : 0,7 = _____

d) 3,6 : 2,0 = _____   e) 2,5 : 2 = _____   f) 10,4 : 4 = _____

g) 0,4 : 0,2 = _____   h) 3,6 : 3,0 = _____   i) 12,9 : 3 = _____

2 Ordne mithilfe des Überschlags jeder Aufgabe ihr Ergebnis zu. Zeichne Pfeile ein.

1,701 : 5,67   16,672 : 3,2   2,175 : 0,5   139,15 : 2,3   53,536 : 5,6   10,53 : 0,5

4,35   60,5   0,3   21,06   5,21   9,56

3 Entscheide ohne zu rechnen, welche Aufgaben das gleiche Ergebnis haben.
Ermittle danach die Ergebnisse.

a) 5,232 : 0,3 = _____   b) 605 : 25 = _____   c) 523,2 : 4 = _____

d) 5,2 : 0,05 = _____   e) 60,5 : 2,5 = _____   f) 52,32 : 3 = _____

g) 1210 : 50 = _____   h) 5,20 : 5 = _____   i) 52 : 50 = _____

Dezimalbrüche dividieren 33

4 Im Inneren des Berliner Fernsehturms führt für den Notfall eine Treppe von unten bis zur Aussichtsplattform in 203 m Höhe. Die Stufen der Treppe sind rund 17,5 cm hoch.

a) Berechne, wie viele Stufen diese Treppe hat.

b) Schätze, wie lange man – bei normalem Tempo – von der Aussichtsplattform bis nach unten läuft.

Anwenden und Vernetzen

5 Eine Wand des Kinderzimmers soll neu tapeziert werden. Sie ist 2,40 m hoch und 4,10 m breit. Die Rollen der gewünschten Tapete sind jeweils 0,53 m breit und enthalten 10 m Tapete. Wie viele Rollen Tapete sind zu kaufen?

6 Verbinde Brüche, Dezimalbrüche und Bilder, die zusammengehören.

$\frac{1}{4}$ $\frac{2}{5}$ $\frac{3}{4}$ $2\frac{1}{2}$ $\frac{2}{3}$ $\frac{8}{5}$

0,75   0,66...   1,6   0,25   0,4   2,5

7 Umkreise Brüche, Dezimalbrüche und Bilder, die zusammengehören, mit der gleichen Farbe.

$\frac{3}{4}$ $\frac{3}{8}$ 0,375 $\frac{1}{3}$ $\frac{3}{9}$ 0,5

0,25 $\frac{6}{10}$ $\frac{9}{12}$ $\frac{3}{5}$ 0,75

$\frac{2}{4}$ $\frac{1}{2}$ 0,33... $\frac{2}{8}$ 0,6 $\frac{1}{4}$

34 Dezimalbrüche und Brüche – Multiplizieren und Dividieren

Brüche multiplizieren

▶ **Grundwissen**

Multiplikation eines Bruches mit einer natürlichen Zahl

Der Zähler des Bruches wird mit der natürlichen Zahl multipliziert.
Der Nenner des Bruches bleibt unverändert.
Die Faktoren können vertauscht werden.

$\frac{5}{12} \cdot 3 = $ _____

Brüche multiplizieren

Ein Bruch wird mit einem Bruch multipliziert, indem „Zähler mal Zähler" und „Nenner mal Nenner" gerechnet wird.
Die Faktoren können vertauscht werden.

$\frac{7}{10} \cdot \frac{1}{4} = $ _____

▶ **Auftrag:** Multipliziere. Kürze und gib das Ergebnis als gemischte Zahl an, wenn möglich.

Trainieren

1 Multipliziere.

a) $\frac{7}{15} \cdot 2 = $ _____   b) $\frac{7}{8} \cdot 5 = $ _____   c) $\frac{9}{8} \cdot 5 = $ _____

d) $\frac{2}{3} \cdot 11 = $ _____   e) $3 \cdot \frac{2}{3} = $ _____   f) $\frac{3}{5} \cdot 17 = $ _____

g) $\frac{8}{15} \cdot 20 = $ _____   h) $\frac{6}{21} \cdot 3 = $ _____   i) $11 \cdot \frac{7}{121} = $ _____

2 Finde Aufgaben, die zu den Zeichnungen passen und löse sie.

a) $\frac{2}{3} \cdot \frac{3}{4} = $ _____   b) _____   c) _____

3 Multipliziere. Kürze, wenn möglich.

a) $\frac{1}{2} \cdot \frac{1}{4} = $ _____   b) $\frac{2}{3} \cdot \frac{4}{5} = $ _____   c) $\frac{4}{7} \cdot \frac{14}{8} = $ _____

d) $\frac{3}{9} \cdot \frac{8}{12} = $ _____   e) $\frac{11}{15} \cdot \frac{5}{7} = $ _____   f) $\frac{15}{18} \cdot \frac{9}{3} = $ _____

4 Berechne folgende Anteile.

a) $\frac{1}{2}$ von $\frac{3}{4}$ l: _____   b) $\frac{2}{5}$ von $\frac{3}{4}$ kg: _____   c) $\frac{2}{3}$ von $\frac{4}{5}$ h: _____

d) $\frac{1}{3}$ von $\frac{7}{8}$ m: _____   e) $\frac{1}{4}$ von $\frac{1}{4}$ kg: _____   f) $\frac{1}{8}$ von $\frac{8}{9}$ l: _____

5 Ergänze jeweils den fehlenden Zähler und Nenner.

a) $\frac{2}{5} \cdot \frac{}{} = \frac{4}{15}$ b) $\frac{3}{2} \cdot \frac{}{} = \frac{9}{14}$ c) $\frac{7}{8} \cdot \frac{}{} = \frac{21}{80}$

d) $\frac{}{} \cdot \frac{4}{5} = \frac{16}{25}$ e) $\frac{}{} \cdot \frac{1}{3} = \frac{4}{27}$ f) $\frac{}{} \cdot \frac{1}{2} = \frac{3}{16}$

Brüche multiplizieren   35

6 Finde jeweils drei Multiplikationsaufgaben mit Brüchen mit dem Ergebnis …

a) $\frac{1}{5}$ _____

b) $\frac{9}{10}$ _____

c) $\frac{4}{7}$ _____

d) $\frac{5}{2}$ _____

Anwenden und Vernetzen

7 Die Erde ist zu rund $\frac{2}{3}$ mit Wasser bedeckt.
Die Hälfte davon nimmt der Pazifische Ozean ein.
Der Atlantische Ozean bedeckt drei Zehntel und der Indische Ozean
ein Fünftel der Wasserfläche.
Bestimme die jeweiligen Anteile der Ozeane an der gesamten
Erdoberfläche.

_____

_____

_____

8 Bestimme jeweils das Ergebnis mithilfe einer Rechnung.

a) Wie viele Minuten sind $\frac{7}{12}$ Stunden? _____

b) Eine Klasse hat 32 Schüler. $\frac{3}{8}$ davon sind Mädchen.
Wie viele sind das? _____

c) Ein Mikroskop vergrößert mit dem Faktor 200.
Wie groß erscheint ein Objekt mit $\frac{1}{100}$ mm Länge? _____

9 Ein Winzer überlegt, wie viel Liter Wein er noch hat. Er weiß, dass im Weinkeller
720 Flaschen sind. $\frac{3}{4}$ der Flaschen enthalten $\frac{7}{10}$ l Wein. Der Rest der Flaschen enthält $\frac{3}{4}$ l Wein.

_____

_____

_____

_____

10 Kevins Eltern wollen ihre 3 m breite und 4 m lange rechteckige Terrasse mit Platten auslegen. Nur Platten, die am Rand
liegen, sollen notfalls zugeschnitten werden. Jede der Platten ist $\frac{2}{5}$ m breit und $\frac{3}{5}$ m lang.
Berechne den Flächeninhalt einer Platte.

_____

_____

36 Dezimalbrüche und Brüche – Multiplizieren und Dividieren

Brüche dividieren

▶ **Grundwissen**

Man **dividiert durch** einen **Bruch**, indem man mit seinem Kehrwert multipliziert.
Den **Kehrwert (Kehrbruch)** eines Bruches bildet man, indem man Zähler und Nenner tauscht.
Hinweis: Ganze Zahlen können als Bruch mit dem Nenner 1 geschrieben werden.

$\frac{4}{3} : \frac{5}{7} =$ _____

$\frac{4}{3} : 2 =$ _____

▶ **Auftrag:** Ergänze die Beispiele.

Trainieren

1 Löse die Aufgaben zeichnerisch und schreibe die zugehörige Rechnung dazu.

604

a) $\frac{1}{5} : 2$

Rechnung: _____

b) $\frac{4}{7} : 3$

Rechnung: _____

2 Bestimme die Kehrwerte der entsprechenden Brüche.

a) Kehrwert von $\frac{7}{15}$: _____

b) Kehrwert von $\frac{7}{8}$: _____

c) Kehrwert von $1\frac{1}{3}$: _____

d) Kehrwert von 11: _____

e) Kehrwert von 3: _____

f) Kehrwert von $\frac{1}{4}$: _____

3 Berechne folgende Terme und kürze wenn möglich vor dem Dividieren.

a) $\frac{3}{4} : 3 = \frac{\cancel{3}^1 \cdot 1}{4 \cdot \cancel{3}_1} = \frac{1}{4}$

b) $\frac{8}{7} : 2 = \underline{\qquad} = \underline{\quad}$

c) $\frac{16}{15} : 4 = \underline{\qquad} = \underline{\quad}$

d) $\frac{21}{17} : 12 = \underline{\qquad} = \underline{\quad}$

e) $\frac{24}{16} : 12 = \underline{\qquad} = \underline{\quad}$

f) $\frac{121}{169} : 11 = \underline{\qquad} = \underline{\quad}$

g) $\frac{169}{54} : 13 = \underline{\qquad} = \underline{\quad}$

h) $\frac{221}{24} : 17 = \underline{\qquad} = \underline{\quad}$

i) $\frac{225}{14} : 15 = \underline{\qquad} = \underline{\quad}$

4 Berechne möglichst im Kopf.

a) $8 : \frac{1}{2} =$ _____

b) $9 : \frac{1}{3} =$ _____

c) $16 : \frac{1}{4} =$ _____

d) $\frac{2}{7} : 2 =$ _____

e) $\frac{3}{10} : 20 =$ _____

f) $\frac{12}{17} : 2 =$ _____

g) $\frac{5}{6} : \frac{2}{3} =$ _____

h) $\frac{1}{36} : \frac{3}{42} =$ _____

i) $\frac{14}{27} : \frac{7}{54} =$ _____

Brüche dividieren 37

5 Dividiere. Kürze, wenn möglich.

a) $\frac{1}{2} : \frac{1}{2} =$ _____

b) $\frac{3}{4} : \frac{1}{4} =$ _____

c) $\frac{6}{5} : \frac{2}{3} =$ _____

d) $\frac{8}{9} : \frac{2}{3} =$ _____

e) $\frac{16}{12} : \frac{4}{3} =$ _____

f) $\frac{32}{12} : \frac{16}{24} =$ _____

g) $\frac{21}{17} : 7 =$ _____

h) $\frac{24}{16} : 12 =$ _____

i) $\frac{121}{169} : 11 =$ _____

j) $7 : \frac{2}{4} =$ _____

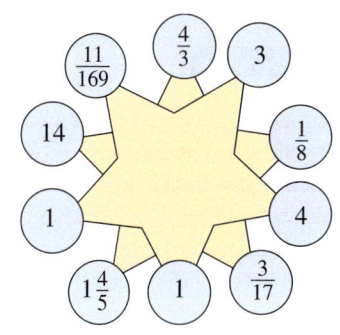

6 Ergänze.

Dividend	$\frac{4}{5}$	$\frac{3}{2}$	$\frac{9}{4}$		$\frac{15}{8}$
Divisor			$\frac{3}{2}$	$\frac{3}{5}$	$\frac{5}{9}$
Ergebnis der Division	$\frac{1}{5}$	3		$\frac{10}{7}$	

7 Schreibe die Aufgabe als Divisionsaufgabe. Gib das Ergebnis an.

a) $\frac{4}{5} \cdot \frac{4}{3} =$ _____

b) $\frac{7}{8} \cdot \frac{2}{5} =$ _____

c) $21 \cdot \frac{7}{9} =$ _____

d) $\frac{45}{7} \cdot \frac{2}{21} =$ _____

e) $6 \cdot 8 =$ _____

f) $\frac{66}{77} \cdot \frac{33}{11} =$ _____

8 Ergänze.

a) $28 : \square = 7$

b) $\frac{16}{11} : \square = \frac{4}{11}$

c) $\frac{1}{2} : \square = \frac{1}{5}$

d) $\square : 7 = \frac{3}{49}$

e) $\square : \frac{5}{6} = 6$

f) $\square : 1\frac{1}{4} = 4$

Anwenden und Vernetzen

9 Rudi möchte sein quadratisches Zimmer mit der Länge von $\frac{63}{10}$ Meter mit Fliesen auslegen, ohne Fliesen schneiden zu müssen.

a) Hilf ihm bei der Auswahl im Heimwerkermarkt.

Fliese A: 15 cm × 15 cm
Fliese B: 13 cm × 13 cm
Fliese C: 18 cm × 18 cm

Nebenrechnung:

Antwort: _____

b) Welche Auswahl trifft Rudi, wenn er möglichst wenig Fliesen verlegen möchte?

Antwort: _____

10 Eine Flasche enthält $\frac{3}{4}$ Liter Limonade.

Es werden 4 Gläser gefüllt und danach ist die Flasche leer.
Wie viel Liter passen in jedes Glas?

Antwort: _____

Körper

Körperformen erkennen und beschreiben

▶ **Grundwissen**

Körper werden von **Flächen** begrenzt. Wir unterscheiden dabei Grundfläche, Deckfläche und Seitenflächen. Dort, wo zwei Flächen zusammenstoßen, entstehen **Kanten**. Treffen mindestens drei Kanten aufeinander, entstehen **Ecken**.
Ein **Quader** wird durch sechs rechteckige Flächen begrenzt.
Ein **Würfel** ist ein spezieller Quader. Er wird durch sechs quadratische Flächen begrenzt.

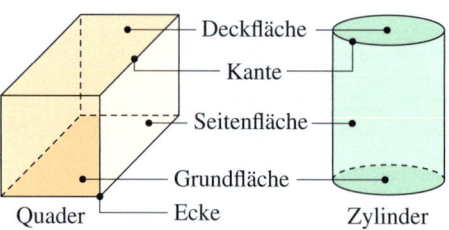

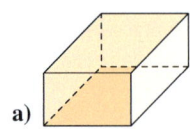 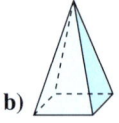 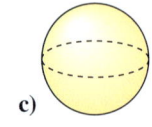 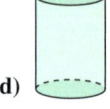 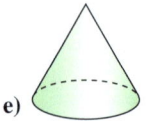 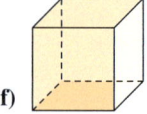

a) _____   b) _____   c) _____

d) _____   e) _____   f) _____

▶ **Auftrag:** Wie heißen die Körperformen?

Trainieren

1 Benenne die Körper einiger Verpackungen.

Spagetti: _____

Schokolinsen: _____

Pfefferminztee: _____

2 Ergänze in der Tabelle die fehlenden Angaben. Was stellst du fest?

	Würfel	Quader
Anzahl Kanten		
Anzahl Seitenflächen		
Anzahl Ecken		

_____

_____

_____

_____

3 Aus welchen Grundkörpern bestehen die folgenden Figuren?

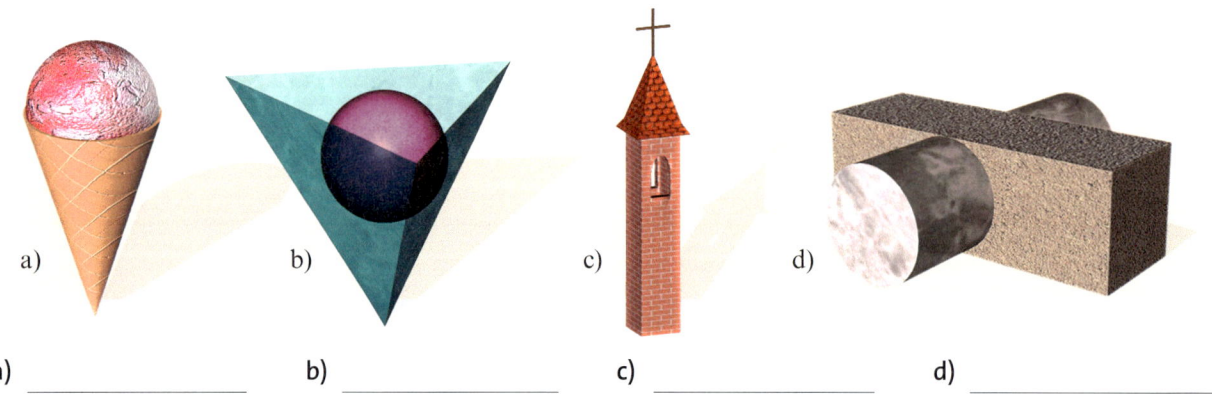

a) _____   b) _____   c) _____   d) _____

Körperformen erkennen und beschreiben | 39

4 Wo erkennst du jeweils einen Kegel, eine Kugel oder eine Pyramide? Wie viele Ecken und Kanten hat der von dir erkannte Körper jeweils?

a)

b)

c)

d)

e)

f)

Anwenden und Vernetzen

5 In einem Warenlager werden gleich große Kartons möglichst dicht gestapelt.

a) Wie viele andere Kartons werden durch einen Karton in der Mitte des Lagers berührt?

b) Welche Seitenflächen der Kartons berühren sich gegenseitig?

c) Was bewirkt beim Stapeln die Parallelität der Flächen?

6 Du sollst zum Kaffee Würfelzucker einkaufen. Dieser ist in einer quaderartigen Verpackung mit den Maßen: Länge 10 cm, Breite 5 cm, Höhe 5 cm verpackt.

a) Wie viel Stückchen Zucker sind in der Verpackung, wenn fünf Schichten Würfelzucker übereinander passen?

b) Es werden pro Tag fünf Würfelzucker verbraucht. Wie lange reicht der Karton?

c) Wie viele Stücke Zucker wären in der Verpackung, wenn der Zucker nicht aus Würfeln sondern aus Quadern bestünde? Ein Quader soll so groß wie zwei Würfel sein.

40 Körper

Schrägbilder zeichnen

▶ **Grundwissen**

Ein **Schrägbild** vermittelt einen guten räumlichen Eindruck von einem Körper.
Das Schrägbild eines Quaders kann nach den folgenden Regeln gezeichnet werden:
1. **Vorderseite** zeichnen (in Originalgröße).
2. Hilfslinien für die **schrägen Kanten** im Winkel von 45° anzeichnen.
3. Auf den Hilfslinien die schrägen Kanten abtragen: **halb so lang** wie im Original. Verdeckte Kanten mit Strichlinien zeichnen.
4. Nun die **Rückseite** zeichnen. Verdeckte Kanten wieder gestrichelt zeichnen. Hilfslinien wegradieren.

 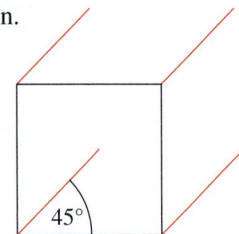 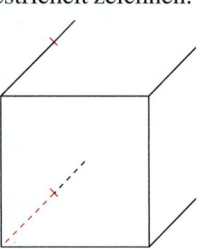 

▶ **Auftrag:** Zeichne das Schrägbild eines Würfels mit der Kantenlänge $a = 2$ cm.

Trainieren

1 Färbe bei der Vorderseite des Würfels und des Quaders jeweils die Kanten rot, die Flächen gelb und die Eckpunkte blau.

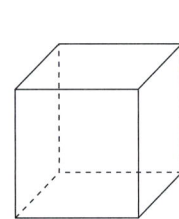 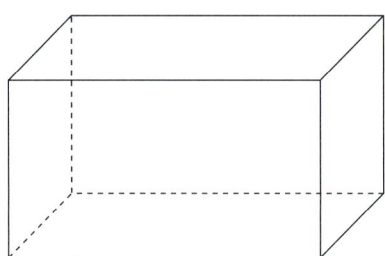

2 Markiere

a) zwei zueinander parallele Kanten.

b) zwei zueinander senkrechte Kanten.

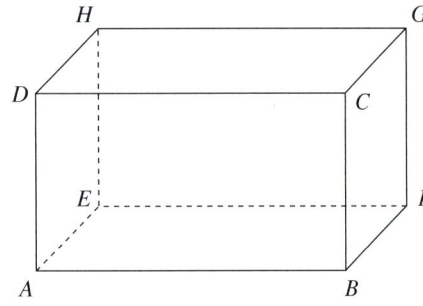 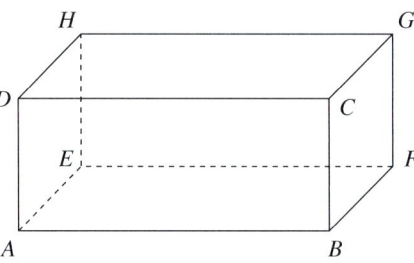

702

3 Was ist falsch an folgenden Schrägbildern von Würfeln? Kennzeichne die „falschen" Kanten farbig.

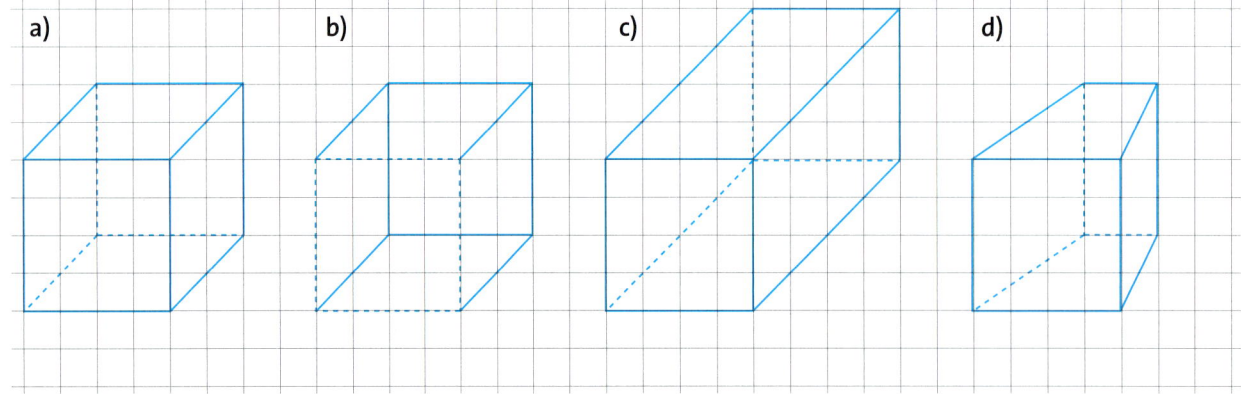

Schrägbilder zeichnen   41

4 Vervollständige den Körper.
Welcher Körper ist zu sehen?

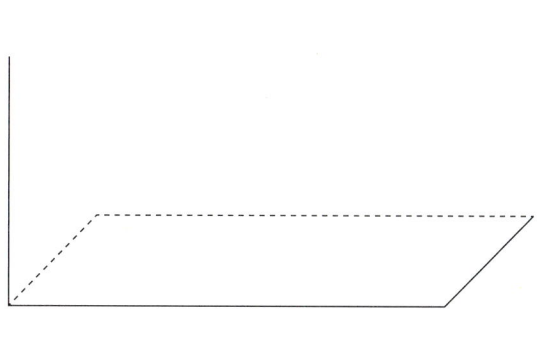

Antwort: _____

5 Vervollständige den Körper.
Welcher Körper ist zu sehen?

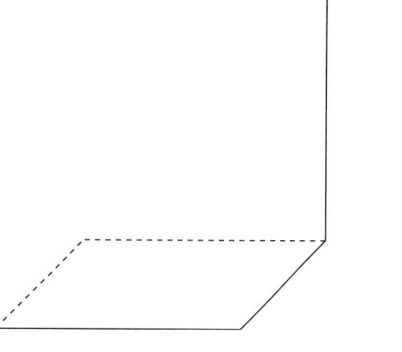

Antwort: _____

6 Zeichne die Schrägbilder der folgenden Quader

a) 5 cm lang, 4 cm breit, 3 cm hoch

b) 3 cm lang, 3 cm breit, 3 cm hoch

Anwenden und Vernetzen

7  Beim Bau eines Einfamilienhauses ist eine tragende Innenwand noch nicht fertig. Sie soll eine Länge von 5,04 m und eine Höhe von 2,40 m haben. Der von den Maurern verwendete Steintyp hat eine Tiefe von 120 mm. Die folgende Skizze zeigt die Maße des Steins und wie die Wand gemauert werden soll.

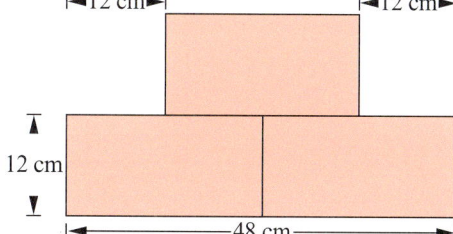

a) Zeichne ein Schrägbild eines Steins.
Ein Kästchen soll dabei drei Zentimeter entsprechen.

b) Wie viele ganze Steine sind in der fertigen Mauer?

zu a)

zu b) Rechnung:

Antwort: _____

Körper

Netz von Quader und Würfel

▶ Grundwissen

Eine zusammenhängende Abwicklung aller Begrenzungsflächen eines Körpers nennt man auch **Körpernetz**.
Quadernetze bestehen aus sechs rechteckigen Begrenzungsflächen.
Ein besonderer Quader ist der Würfel. Würfelnetze bestehen aus sechs quadratischen Begrenzungsflächen.

$a =$ _____ $b =$ _____ $c =$ _____

▶ **Auftrag:** Entnimm dem abgebildeten Netz die Maße des Quaders.

Trainieren

1 Hier siehst du Würfelnetze. Färbe die Seitenflächen gleichfarbig, die am Würfel gegenüberliegen.

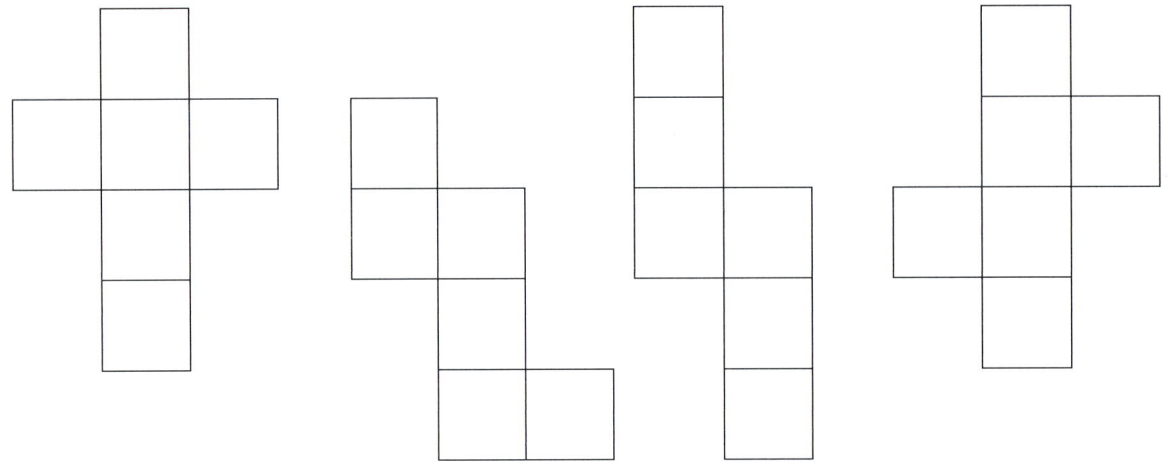

2 Färbe nur bei den Quadernetzen die Seitenflächen gleichfarbig, die am Quader einander gegenüberliegen.

3 Zeichne das Netz eines Quaders, der 4,6 cm lang, 4,1 cm breit und 2,3 cm hoch ist.

Anwenden und Vernetzen

4 Phillip möchte einen Würfel basteln. Er hat festen Karton, auf dem sich ein Kästchenraster befindet. Zeichne für Phillip das Netz eines Würfels mit den richtig angelegten Zahlen von eins bis sechs, sodass die gegenüberliegenden Seiten des Würfels immer eine Summe von sieben ergeben.

5 a) Welche Netze passen zum links abgebildeten Würfel? Beachte die Farben.

b) Aus welchen geometrischen Figuren setzt sich das Körpernetz zusammen?

a) _____   b) _____

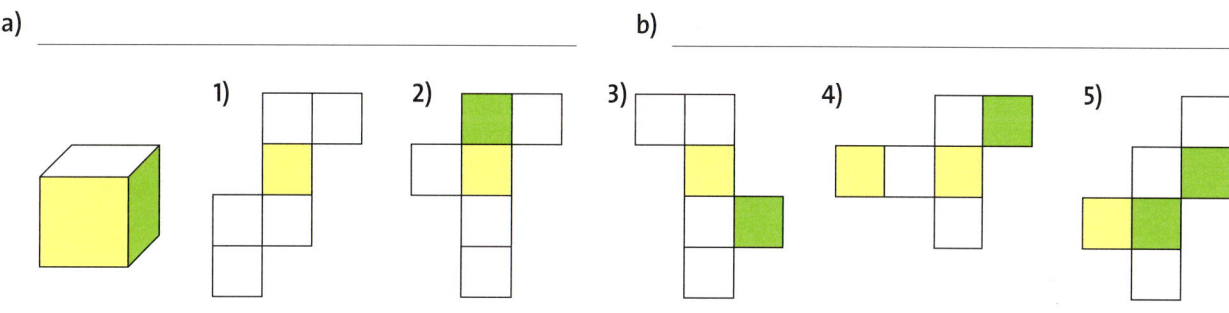

Körper

Oberfläche von Quader und Würfel

▶ Grundwissen

Den **Oberflächeninhalt eines Quaders** kannst du schrittweise berechnen:

1. Berechne die Größen der drei verschiedenen Seitenflächen. Jede dieser Flächen kommt zweimal vor.
2. Addiere die Flächeninhalte der sechs Seitenflächen des Quaders.

Beachte: Länge, Breite und Höhe müssen in derselben Einheit angegeben sein. Sonst musst du umrechnen.

Beispiel:

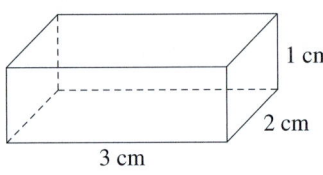

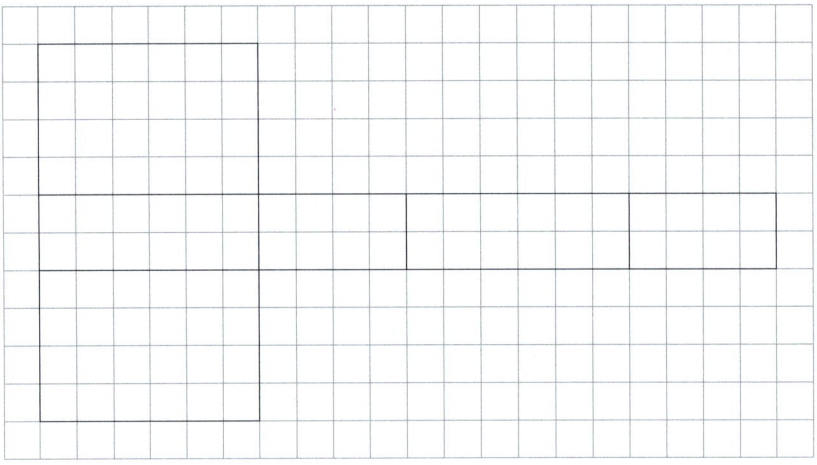

$O = $ _____

▶ **Auftrag:** Bestimme mithilfe des Körpernetzes den Oberflächeninhalt des Quaders.

Trainieren

1 Bestimme die Oberflächeninhalte.

a) Würfel mit 3 cm langen Kanten

$O = $ _____

b) Quader mit 2 cm; 4 cm und 6 cm langen Kanten

$O = $ _____

2 Berechne die Oberflächeninhalte.

a) Würfel: $a = 5$ cm

$O = $ _____

b) Quader: $a = 10$ mm; $b = 2,5$ cm; $c = 4$ cm

$O = $ _____

3 Die abgebildeten Körper bestehen aus Würfeln mit 1 cm Kantenlänge. Bestimme ihre Oberflächeninhalte.

a)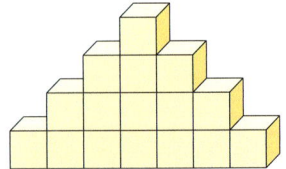

$O = $ _____

b)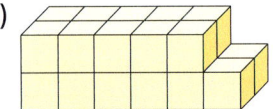

$O = $ _____

c)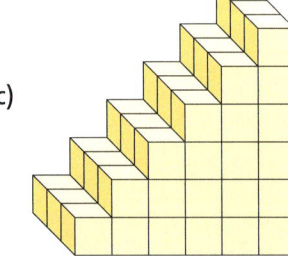

$O = $ _____

4 Gib jeweils den Oberflächeninhalt für den Quader an.

	Länge	Breite	Höhe	Oberflächeninhalt
a)	3 cm	4 cm	5 cm	
b)	2 dm	3 dm	1 dm	
c)	5 mm	6 mm	4 mm	
d)	20 mm	3 cm	1 dm	
e)	12 cm	1 dm	2 dm	
f)	1 km	5 m	30 dm	

Anwenden und Vernetzen

5 Die Inhaberin vom Eiscafé Seeblick möchte 25 neue Sitzkissen herstellen. Die Sitzkissen sollen die Form eines Quaders haben. Es gibt zwei Kissenmuster für die Sitzkissen.
Das Muster A ist 38 cm lang, 42 cm breit und 38 mm hoch. Das Muster B ist 42 cm lang, 42 cm breit und 47 mm hoch.

Berechne den Oberflächeninhalt der Sitzauflagen.

6 Zwei Eisenstützen für einen neuen Balkon sind 2,70 m lang. Sie haben die rechts abgebildete Grundfläche. Vor dem Einbau sollen sie mit Rostschutzmittel gestrichen werden. Die im Fachhandel angebotenen unterschiedlich großen Farbdosen reichen für 1,5 m² bzw. für 2 m². Wie viele Dosen jeder Sorte sollten gekauft werden?

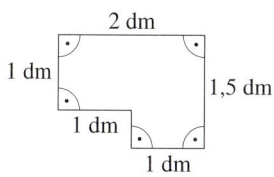

46 Körper

Vergleichen und Messen von Körpern

▶ Grundwissen

Der Rauminhalt eines Körpers wird auch **Volumen** genannt. Das Volumen gibt die Größe eines Körpers an. Können zwei Körper mit gleich vielen, gleich großen Teilkörpern ausgelegt werden, so haben sie dasselbe Volumen.

Umwandlung von Volumina:

$1\,m^3 = 1000\,dm^3$
$1\,dm^3 = 1000\,cm^3$
$1\,cm^3 = 1000\,mm^3$

Umwandlung von Raum- in Hohlmaße:

$1\,dm^3 = 1\,\text{Liter (l)}$
$1\,cm^3 = 1\,ml$

Das **Volumen V eines Quaders** wird mit der Formel $V = a \cdot b \cdot c$ berechnet.

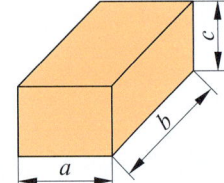

1 Liter (l) hat 1000 Milliliter (ml). Das **Volumen V eines Würfels** wird mit der Formel $V = a \cdot a \cdot a = a^3$ berechnet.

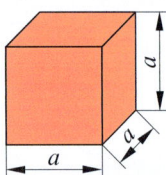

Quader: $a = 4\,cm; b = 3\,cm; c = 7\,cm$

▶ **Auftrag:** Berechne das Volumen des Quaders mit den angegebenen Maßen. Gib das Ergebnis auch in Liter an.

Trainieren

705

1 Rechne in die nächstkleinere Einheit um.

a) $14\,m^3 =$ _____   b) $0,08\,cm^3 =$ _____   c) $0,045\,dm^3 =$ _____

d) $1,02\,cm^3 =$ _____   e) $200\,m^3 =$ _____   f) $0,0003\,dm^3 =$ _____

2 Rechne in die nächstgrößere Einheit um.

a) $9\,000\,mm^3 =$ _____   b) $3\,700\,dm^3 =$ _____   c) $438\,cm^3 =$ _____

d) $2\,010\,dm^3 =$ _____   e) $16\,cm^3 =$ _____   f) $0,2\,mm^3 =$ _____

3 Schreibe in Liter.

a) $40\,ml =$ _____ l   b) $0,85\,m^3 =$ _____ l   c) $18\,dm^3 =$ _____ l

d) $237\,cm^3 =$ _____ l   e) $4\,hl =$ _____ l   f) $25\,000\,mm^3 =$ _____ l

706

4 Berechne das Volumen der Quader. Achte dabei auf die unterschiedlichen Einheiten.

a)

Länge	Breite	Höhe	Volumen
10 cm	30 cm	6 cm	
8 dm	3 dm	5 dm	
4 m	5 m	3 m	
20 cm	25 cm	12 cm	
1 cm	8 mm	70 mm	
7 dm	2 dm	25 cm	

b)

Länge	Breite	Höhe	Volumen
18 m	6 m	4 m	
9 cm	8 cm	2 cm	
4 cm	7 cm	7 cm	
15 dm	4 dm	3 dm	
1 m	2 cm	6 cm	
15 mm	1 cm	1 dm	

5 Rechne in die angegebene Einheit um.

a) 6800 mm³ = _____ cm³   b) 2250 cm³ = _____ dm³   c) 0,03 m³ = _____ cm³

d) 1,75 dm³ = _____ cm³   e) 4100 mm³ = _____ dm³   f) 42 cm³ = _____ m³

6 Schreibe in Liter.

a) 5000 ml = _____ l   b) 37 500 ml = _____ l   c) 12 785 ml = _____ l

d) 19 520 ml = _____ l   e) 23 585 dm³ = _____ l   f) 1 200 000 cm³ = _____ l

g) 528 900 cm³ = _____ l   h) 78 500 000 mm³ = _____ l   i) 96 510 dm³ = _____ l

7 Berechne die Oberfläche der beiden Körper.

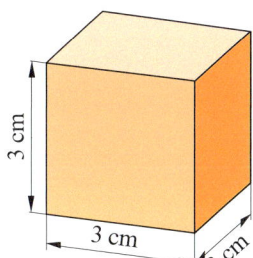

O = _____

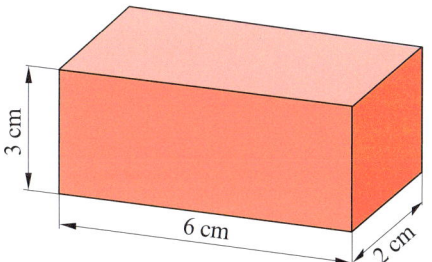
O = _____

Anwenden und Vernetzen

8 Martin soll Schachteln mit Heftklammern in Pappkartons packen. Er hat zwei Sorten von Kartons zur Auswahl.

	Länge	Breite	Höhe
Schachtel mit Heftklammern	6 cm	4 cm	2 cm
Karton A	7 cm	8 cm	20 cm
Karton B	6 cm	13 cm	12 cm

a) Berechne das Volumen von Karton A und Karton B.

Antwort: _____

b) Wie viele Schachteln passen in welchen Karton?
Beachte, dass Martin die Schachteln nicht zerschneiden darf.

Zeichne dazu die unterste Schicht im Karton, zähle die Schachteln
in der Schicht und berechne, wie viele Schichten in jeden Karton passen.
(1 Kästchen entspricht 2 cm).

Antwort: _____

_____

c) Gib die Volumina an, die in Karton A und Karton B leer bleiben.

Antwort: _____

_____

48 Daten

Negative Zahlen

▶ Grundwissen

Negative Zahlen sind kleiner als Null und werden mit einem Minuszeichen (−) gekennzeichnet. Sie stehen auf der Zahlengeraden links von der Null.
Positive Zahlen sind größer als Null und können mit einem Pluszeichen (+) gekennzeichnet werden. Sie stehen auf der Zahlengeraden rechts von der Null.

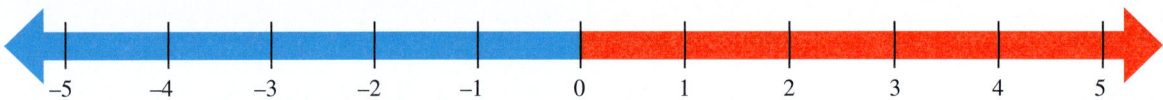

Von zwei Zahlen ist diejenige größer, die auf der Zahlengeraden weiter rechts liegt.
Zu jeder positiven Zahl gibt es eine negative **Gegenzahl** und umgekehrt.

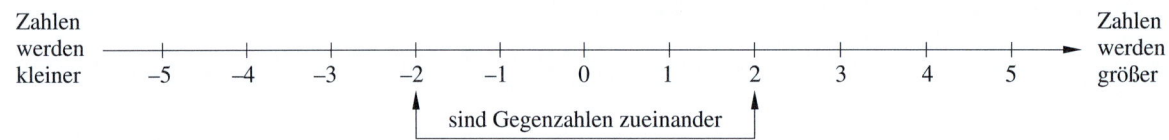

3; −4; 5; −1; −2; 0; −3; 2; 4 _____

▶ **Auftrag:** Ordne die Zahlen mithilfe der Zahlengeraden der Größe nach. Beginne mit der kleinsten Zahl.

Trainieren

1 Veranschauliche folgende Zahlen auf der Zahlengeraden.   2; −1; −7; 11; 7; 4; −12; −14; 5; −5; 0

2 Gib, wenn möglich, jeweils drei Zahlen an, die auf der Zahlengerade zwischen den gegebenen Zahlen liegen.

a) Zwischen −3 und 1 liegen _____   b) Zwischen 2 und −2 liegen _____

c) Zwischen −3 und −6 liegen _____   d) Zwischen −7 und 0 liegen _____

3 Fülle die Tabelle aus.

Zahl	12		0,56	−129			−61,81	0,004
Gegenzahl		28	−5,7		−2013	41,8		

4 Vergleiche.

a) 15 ☐ −7   b) −3,5 ☐ 3,5   c) −7,2 ☐ 2,7   d) −6,2 ☐ −2,6

5 Ordne die Zahlen.   −55; 10; 17; −11; −45; 24; −23; −28; 3

_____

6 Welche Zahl könnte die gesuchte Zahl sein? Gib, wenn möglich, mehrere Beispiele an.

a) Anne sucht eine natürliche Zahl, die höchstens einen Abstand von drei zu −2 hat. _____

b) Bert sucht eine natürliche Zahl, die mindestens einen Abstand von fünf zu 0 hat. _____

Negative Zahlen

7 Gib mithilfe der Zahlengeraden an, um wie viel Grad die Temperatur jeweils steigt.

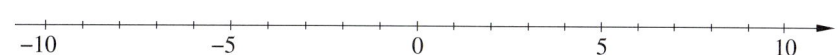

a) Die Temperatur steigt von −8 °C auf +1 °C.

b) Die Temperatur steigt von −2 °C auf +3 °C.

c) Die Temperatur steigt von −4 °C auf +7 °C.

d) Die Temperatur steigt von −9 °C auf +9 °C.

8 Folgende Brüche sind gegeben: $-\frac{1}{3}; \frac{1}{7}; -\frac{3}{8}; \frac{7}{9}; -\frac{5}{6}; \frac{2}{7}; -\frac{2}{3}; \frac{4}{7}$.

a) Veranschauliche die Brüche auf der Zahlengeraden.

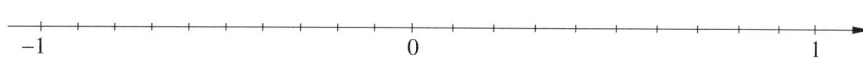

b) Gib für die Brüche Näherungswerte an. Runde dabei auf zwei Nachkommastellen.

$-\frac{1}{3} \approx$ _____ $\frac{1}{7} \approx$ _____ $-\frac{3}{8} \approx$ _____ $\frac{7}{9} \approx$ _____

$-\frac{5}{6} \approx$ _____ $\frac{2}{7} \approx$ _____ $-\frac{2}{3} \approx$ _____ $\frac{4}{7} \approx$ _____

c) Ordne die Brüche und ihre Näherungswerte der Größe nach.

d) Welcher Bruch kommt $\frac{1}{3}$ am nächsten?

Anwenden und Vernetzen

9 Gib zuerst den Sachverhalt mit einer Zahl an.
Schreibe danach die Gegenzahl und deren mögliche Bedeutung im Sachzusammenhang auf.

a) 2300 € Gewinn   Zahl: _____   Gegenzahl: _____

Bedeutung der Zahl: _____

b) 7° C über Null   Zahl: _____   Gegenzahl: _____

Bedeutung der Zahl: _____

c) 3 Sekunden vor dem Start   Zahl: _____   Gegenzahl: _____

Bedeutung der Zahl: _____

d) 2. Etage   Zahl: _____   Gegenzahl: _____

Bedeutung der Zahl: _____

Daten

Häufigkeiten

▶ **Grundwissen**

Die absolute Häufigkeit gibt eine Anzahl an. Die relative Häufigkeit ist ein Anteil an der Gesamtzahl.

$$\text{relative Häufikeit} = \frac{\text{absolute Häufigkeit}}{\text{Gesamtzahl}}$$

In einer Lostrommel befinden sich insgesamt 80 Lose. 7 Lose sind Gewinne.

relative Häufigkeit: _____

19 von 32 Schülern besitzen ein Haustier.

relative Häufigkeit: _____

▶ **Auftrag:** Gib die relativen Häufigkeiten der Ereignisse in Prozent an.

Trainieren

801

1 Lukas ist Torwart. Die Strichliste gibt an, wie viele Elfmeter von 20 von ihm an 6 Trainingstagen gehalten wurden. Fülle den Rest der Tabelle aus.

Ergebnis		1	2	3	4	5	6
Anzahl		ЖЖ	|||	||	||||	||	||||
absolute Häufigkeit							
relative Häufigkeit	Bruch						
	Prozent						

2 Die Polizei kontrolliert an 6 Tagen jeweils 12 Fahrräder. Die zweite Zeile der Tabelle gibt die absolute Anzahl der mangelhaften Fahrräder an den 6 Tagen an. Fülle den Rest der Tabelle aus.

Tag	1	2	3	4	5	6
absolute Häufigkeit	1	3	1	5	1	1
relative Häufigkeit						

3 Ein Glücksrad wird 450-mal gedreht. Runde die Prozente auf eine Stelle nach dem Komma.

a) Vervollständige die Tabelle.

	blau	gelb	grau	grün
absolute Häufigkeit	113	131	100	
relative Häufigkeit				

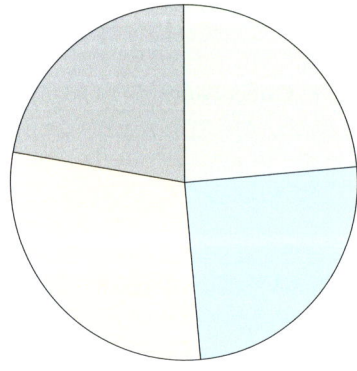

b) Berechne die Häufigkeiten über die Größe der Kreisteile.

	blau	gelb	grau	grün
absolute Häufigkeit	90°	105°	80°	85°
relative Häufigkeit				

4 Carla hat in ihrer Fußballmannschaft in der laufenden Saison pro Spiel folgende Anzahl von Toren geschossen.

2	4	0	0	1	1	2	1	3	2	1	0	3

Berechne die relative Häufigkeit der Ergebnisse.

_____

_____

5 Vergleiche jeweils beide relativen Häufigkeiten.

a) 7 Gewinne auf 83 Lose; 8 Gewinne auf 91 Lose

_____

b) 7 Tore von 21 Schüssen; 9 Tore von 30 Schüssen

_____

c) 191 von 1800 Autos; 68 von 750 Autos

_____

Anwenden und Vernetzen

6 Auf einem Langstreckenflug stehen zum Mittag drei verschiedene Gerichte zur Auswahl. 120 Passagiere wählen das Menü I. 225 Passagiere wählen das Menü II und 50 Passagiere wählen Menü III. Ermittle die absoluten und die relativen Häufigkeiten. Runde die Prozentangaben auf ganze Zahlen.

	Menü I	Menü II	Menü III
absolute Häufigkeit			
relative Häufigkeit			

Antwort: _____

_____

7 250 Eltern von Kindern im dritten Lebensjahr wurden gefragt, wann sie ihr Kind normalerweise ins Bett bringen. Davon sagten 10 Eltern, dass ihr Kind bereits um 19:00 Uhr schläft. 90 Eltern legten ihr Kind zwischen 19:00 Uhr und 19:30 Uhr ins Bett. 80 der befragten Eltern gaben die Antwort, ihr Kind zwischen 19:30 Uhr und 20:00 Uhr hinzulegen. Zwischen 20:00 Uhr und 21:00 Uhr legten 60 Eltern ihr Kind ins Bett. Der Rest sagte, dass sie ihr Kind hinlegen, wenn es müde wird oder bereits eingeschlafen ist.
Stell die Ergebnisse tabellarisch mithilfe der absoluten und der relativen Häufigkeit dar.

Relative Häufigkeit und Wahrscheinlichkeit

▶ **Grundwissen**

Bei gleichwahrscheinlichen Ergebnissen gilt:

Wahrscheinlichkeit eines Ereignisses = $\frac{\text{Anzahl der günstigsten Ergebnisse}}{\text{Anzahl der möglichen Ergebnisse}}$

Wenn man nicht davon ausgehen kann, dass die Ergebnisse gleich wahrscheinlich sind, dann muss die Wahrscheinlichkeit durch ein Experiment bestimmt werden.
Nach einer großen Zahl von Versuchen ändert sich die relative Häufigkeit für ein Ereignis nur noch wenig. Daher kann nach einer großen Zahl von Versuchen die relative Häufigkeit für ein Ereignis als Schätzwert für die Wahrscheinlichkeit eines Ereignisses verwendet werden.

In einer Lostrommel befinden sich insgesamt 80 Lose. 34 Lose sind Gewinne.

11 von 32 Schülern besitzen ein Haustier.

P(Gewinn) = _____

P(Schüler mit Haustier) = _____

▶ **Auftrag:** Gib die Wahrscheinlichkeiten der Ereignisse in Prozent an.

Trainieren

802

1 Die beiden Abbildungen zeigen jeweils die sechs Seiten eines Würfels.

Würfel 1

	5		
4	6	2	5
	3		

Würfel 2

	1		
4	1	2	1
	6		

a) Wie groß ist bei beiden Würfeln jeweils die Wahrscheinlichkeit, bei einem Wurf eine „Vier" zu würfeln?

_____

b) Wie groß ist bei beiden Würfeln jeweils die Chance, bei einem Wurf eine Primzahl zu werfen?

_____

c) Wie groß ist bei Würfel 1 die Wahrscheinlichkeit, bei einem Wurf eine Zahl zu werfen, die größer als zwei ist?

_____

2 Wie groß ist jeweils die Wahrscheinlichkeit, einen Hauptgewinn oder eine Niete zu drehen?

 Hauptgewinn

 Kleingewinn

☐ Niete

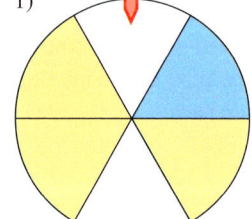

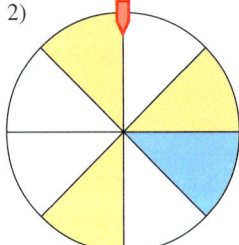

3 Gib die Wahrscheinlichkeit jeweils in Prozent an.

a) Aus einem Kartenspiel mit 32 Karten wird ein Ass gezogen. _____

b) Aus einem Kartenspiel mit 32 Karten wird eine Herzkarte gezogen. _____

c) Aus einem Karton mit 8 blauen und 14 weißen Kugeln wird eine blaue Kugel gezogen. _____

d) Mit einem normalen Spielwürfel wird eine Zahl gewürfelt, die kleiner als 5 ist. _____

e) Mit einem normalen Spielwürfel wird eine gerade Zahl gewürfelt, die kleiner als 6 ist. _____

f) Aus einem Karton mit 34 blauen, 27 gelben und 12 weißen Kugeln wird eine blaue Kugel gezogen. _____

g) In einer Tüte mit 104 Gummibärchen befinden sich gleichviele rote, grüne und weiße und gelbe Bärchen. Es wird kein rotes Gummibärchen gezogen. _____

Anwenden und Vernetzen

4 Carlos meint: „Wenn ich eine Heftzwecke hochwerfe, bleibt sie häufiger seitlich liegen als auf dem Rücken." Er wirft die Heftzwecke 500-mal und notiert dabei folgende Ergebnisse:

Anzahl der Würfe	50	100	150	200	500
absolute Häufigkeit der seitlichen Lage	26	58	84	116	285
relative Häufigkeit der seitlichen Lage					
absolute Häufigkeit der Rückenlage	24	42	66	84	215
relative Häufigkeit der Rückenlage					

a) Ergänze die Tabelle.

b) Wie hoch ist etwa die Wahrscheinlichkeit, dass die Heftzwecke beim nächsten Wurf auf der Seite liegenbleibt?

_____

c) Kann die Wahrscheinlichkeit der Seitenlage der Heftzwecke beim nächsten Wurf berechnet werden? Begründe.

_____

_____

d) Gibt die relative Häufigkeit eines Ereignisses die Wahrscheinlichkeit des Ereignisses an?

_____

_____

_____

Daten

Mittelwerte bilden

▶ **Grundwissen**

Der **Zentralwert** steht in einer geordneten Datenreihe genau _____ (wenn die Anzahl der Werte ungerade ist). Ist die Anzahl der Werte gerade, dann ist der Zentralwert der Durchschnitt aus den beiden mittleren Werten.

Der Zentralwert wird auch _____ genannt.

Der **Durchschnitt** ist die Summe aller Werte, geteilt durch _____ .

Der Durchschnitt wird auch _____ genannt.

▶ **Auftrag:** Ergänze die Sätze.

Trainieren

1. Ermittle den Zentralwert, den Durchschnitt und die Spannweite aller natürlichen Zahlen von 0 bis 12.

    geordnete Datenreihe: _____   Zentralwert: _____

    Durchschnitt: _____   Spannweite: _____

2. Ermittle den Zentralwert, den Durchschnitt und die Spannweite aller Zahlen von –5 bis 4.

    geordnete Datenreihe: _____   Zentralwert: _____

    Durchschnitt: _____   Spannweite: _____

3. Clara erhielt beim Würfeln folgende Augenzahlen.   3; 5; 6; 3; 1   1; 2; 5; 5; 1   6; 6; 4; 4; 3   2; 5; 6; 1; 4
Ermittle den Zentralwert und den Durchschnitt.

    geordnete Datenreihe: _____   Zentralwert: _____

    Durchschnitt: _____

4. Ein sechsseitiger Würfel wurde 10-mal geworfen. Der Durchschnitt liegt bei 3,6, die Spannweite beträgt 5 und der Zentralwert ist 3,5. Schreibe eine dazu passende Datenreihe auf.

    _____

5. Würfle mit einem beliebigen Spielwürfel 20-mal. Gib die Wurfergebnisse und deren Durchschnitt, Spannweite und Zentralwert an.

    Wurfergebnisse: _____

    Durchschnitt: _____

    Spannweite: _____   Zentralwert: _____

Mittelwerte bilden 55

6 In einer Klassenarbeit haben die Schülerinnen und Schüler folgende Punktzahlen erreicht.
17; 20; 15; 5; 8; 17; 11; 23; 25; 13; 10; 12; 13; 18; 9; 18; 6; 19; 16; 12; 20

a) Sortiere die Zahlen der Datenreihe nach der Größe.

_____

_____

b) Bestimme den Punktedurchschnitt, die Spannweite und den Zentralwert.

Punktedurchschnitt: _____ Spannweite: _____ Zentralwert: _____

c) Zu der Klassenarbeit gehört folgender Notenspiegel.
Trage ein, bei wie vielen Punkten es vermutlich welche Note gab.
Stelle die Notenverteilung in einem Diagramm dar.

Note	Anzahl
1	1
2	3
3	6
4	6
5	4
6	1

Note	Punkte
1	
2	
3	
4	
5	
6	

d) Bestimme folgende Kenngrößen der Notenverteilung.

Notendurchschnitt: _____ Spannweite: _____ Median: _____

e) Von wie viel Prozent der Schülerinnen und Schüler war die Leistung schlechter als „ausreichend"?

_____

f) Hanna erhielt eine 3. Wie könnte sie begründen, dass ihr Ergebnis gut ist?

_____

Anwenden und Vernetzen

7 Besseres Wetter?

a) Vergleiche mithilfe von Durchschnitt, Spannweite und Zentralwert das Klima in Düsseldorf (oben) und auf Mallorca (unten).

_____

_____

_____

b) Überlege dir drei Argumente, mit denen du eine Familie aus Düsseldorf vom Urlaub auf Mallorca überzeugen oder abraten könntest.

_____

_____

Daten in Diagrammen darstellen und auswerten

▶ Grundwissen

Mithilfe von **Diagrammen** können Umfrageergebnisse veranschaulicht werden. Besonders Streifen- und Kreisdiagramme sind hierfür geeignet. Der ganze Streifen bzw. die ganze Kreisfläche entspricht dabei genau 100 %.
Bei **Streifendiagrammen** werden zuerst die relativen Häufigkeiten der einzelnen Ergebnisse als Bruchteile berechnet und anschließend durch entsprechende Bruchteile der Streifenlänge dargestellt.
Auch bei **Kreisdiagrammen** werden zuerst die relativen Häufigkeiten der einzelnen Ergebnisse berechnet und in Prozent angegeben. Anschließend berechnet man den entsprechenden Winkel des Kreissegments.

Augenfarbe	Häufigkeit
blau	5
grün	8
braun	12

▶ **Auftrag:** Stelle das Ergebnis der Befragung in einem Streifendiagramm dar.

Trainieren

1 In einer Schule wurden 300 Schüler nach ihrem Lieblingsessen gefragt.

Lieblingsessen	Stimmen
Nudeln	80
Pizza	90
Pommes	50
Hähnchen	40
sonstiges	40

a) Berechne jeweils die relative Häufigkeit.

Nudeln: _____   Hähnchen: _____

Pizza: _____   sonstiges: _____

Pommes: _____

b) Stelle die Daten in einem Säulendiagramm dar.

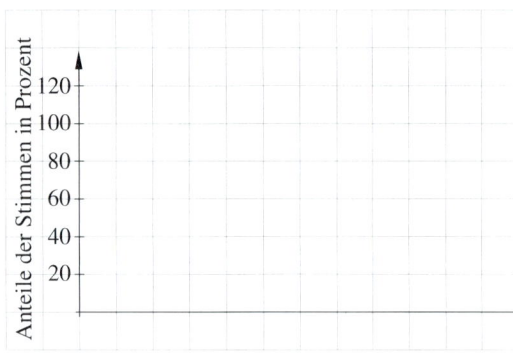

c) Stelle die relativen Häufigkeiten in einem Streifendiagramm dar.

d) Was fällt dir am Streifendiagramm auf?

_____

e) Welches weitere Diagramm bietet sich je für die Daten und relativen Häufigkeiten an?

Daten: _____   relative Häufigkeiten: _____

2 Das Diagramm zeigt, welche Sportarten besonders beliebt sind. Bestimme jeweils die relative Häufigkeit der einzelnen Sportarten.

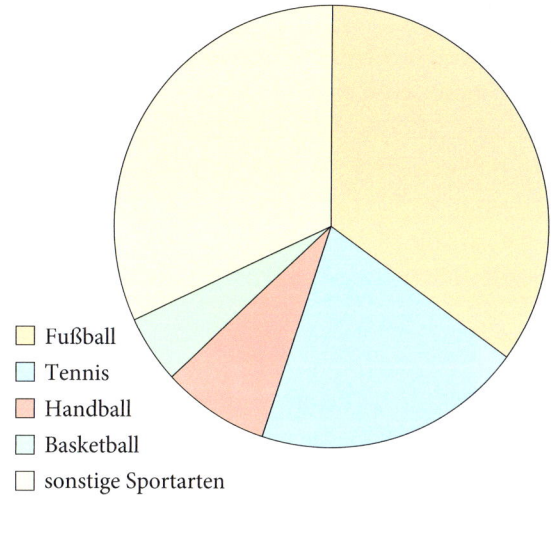

☐ Fußball
☐ Tennis
☐ Handball
☐ Basketball
☐ sonstige Sportarten

_____
_____
_____
_____
_____

3 Übertrage die folgenden Daten in ein Kreisdiagramm.

Anzahl der Geschwister	Häufigkeit
0	10
1	12
2	7
3 und mehr	3

_____
_____
_____
_____
_____

Anwenden und Vernetzen

4 Folgende Wahlergebnisse wurden bei den Bundestagswahlen in den Jahren 2005 und 2009 erzielt.

Name der Partei	2005 in %	2009 in %
CDU	27,8	27,3
SPD	34,2	23
FDP	9,8	14,6
Die Linke	8,7	11,9
Bündnis 90/Die Grünen	8,1	10,7
CSU	7,4	6,5
Sonstige	4,0	6,0

a) Stelle die Ergebnisse der Wahlen von 2005 und 2009 in einem Säulendiagramm dar.

b) Stelle die Ergebnisse der Bundestagswahl von 2009 in einem Streifendiagrammen der Länge 10,1 cm dar.

Zuordnungen

Zuordnungen

▶ **Grundwissen**

Eine Zuordnung weist jedem Wert einer Menge einen oder mehrere Werte einer anderen Menge zu. ☐ wahr ☐ falsch

Zuordnungen kann man z. B. mithilfe von Diagrammen, Tabellen, Rechenvorschriften und Texten darstellen. ☐ wahr ☐ falsch

▶ **Auftrag:** Kreuze an.

Trainieren

1 Formuliere mithilfe der unten stehenden Begriffe drei sinnvolle Zuordnungen.

Preis in Euro   Bus   Anzahl an Brötchen   Tag   Datum   Abfahrtszeit   Nummer   Schüler

_____

_____

_____

2 Temperaturverlauf

a) Welche Größe wird im Diagramm welcher Größe zugeordnet?

_____

_____

b) Wann wurde die höchste bzw. die tiefste Temperatur gemessen? Gib jeweils die entsprechende Temperatur an.

_____

_____

3 Ordne den natürlichen Zahlen von 5 bis 10 ihre Teiler zu.

Zahl						
Teiler						

4 In einem Supermarkt kostet eine Tafel Schokolade 70 ct. Jedes Päckchen mit 5 Tafeln kostet 3,00 €.
Ergänze die Tabelle so, dass man den günstigsten Preis für 1 bis 10 Tafeln Schokolade ablesen kann.

Anzahl der Tafeln										
Preis in Euro										

Zuordnungen

5 Eine 30 cm hohe Vase mit quadratischer Grundfläche wird mit Wasser befüllt. Dabei steigt die Höhe der Wassersäule in 5 Sekunden um jeweils 3,5 cm.

a) Stelle die Zuordnung Zeit in Sekunden (s) → Füllhöhe in cm in einer Tabelle dar.

b) Stelle diese Zuordnung grafisch dar.

c) Nach wie vielen Sekunden ist die Vase bis zum Rand mit Wasser gefüllt? Lies das Ergebnis aus dem Diagramm ab.

_____

_____

_____

Anwenden und Vernetzen

6 Fahrpläne von Zügen.

a) Beschreibe die Fahrt des ICE 940.

_____

_____

_____

_____

_____

_____

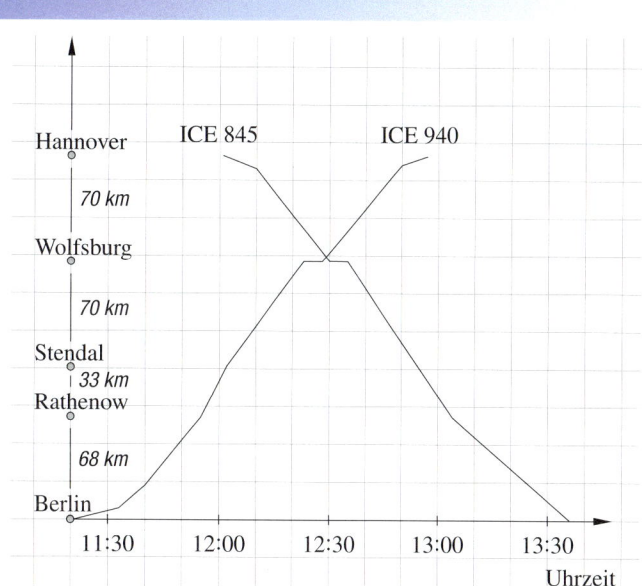

b) Erstelle einen Plan, wann die Züge die Bahnhöfe der folgenden Städte passieren.

	Berlin	Rathenow	Stendal	Wolfsburg	Hannover

c) Überschlage, wie viele Kilometer der ICE 940 etwa pro Stunde zurücklegen.

_____

d) Der Interregio IR 2342 fährt um 11:26 Uhr in Berlin los, hält von 12:01 Uhr bis 12:05 Uhr in Rathenow, kommt um 12:20 Uhr in Stendal an, hat dort 10 Minuten Aufenthalt, hält von 12:59 Uhr bis 13:04 Uhr in Wolfsburg und kommt um 13:34 Uhr in Hannover an.
Veranschauliche im Diagramm die Fahrt des Interregio IR 2342.

Zuordnungen

Proportionale Zuordnungen mit dem Dreisatz

▶ Grundwissen

Bei einer proportionalen Zuordnung folgt aus der Verdopplung (Verdreifachung, …) des Ausgangswertes die Verdopplung (Verdreifachung, …) des zugeordneten Wertes. Halbiert (drittelt, …) man den Ausgangswert, so wird auch der zugeordnete Wert halbiert (gedrittelt, …).
Im Koordinatensystem liegen alle zugehörigen Punkte auf einem Strahl, der im Ursprung beginnt.

Beispiel:

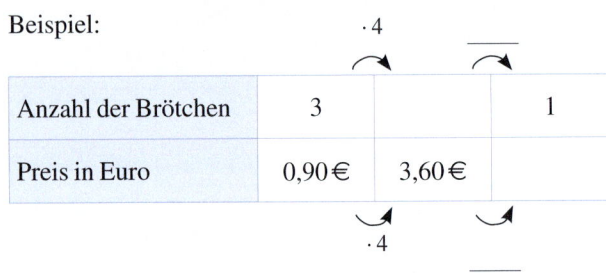
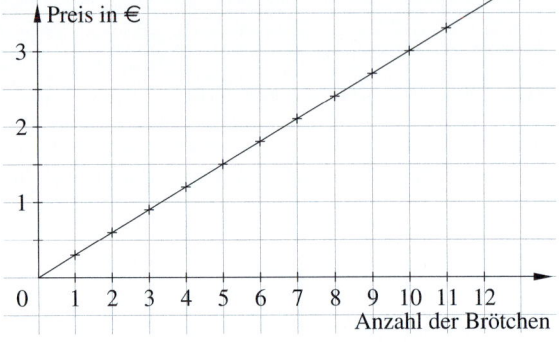

Anzahl der Brötchen	3		1
Preis in Euro	0,90 €	3,60 €	

▶ **Auftrag:** Vervollständige das Beispiel.

Trainieren

1 Ergänze die Tabellen zu proportionalen Zuordnungen. Überlege dir jeweils eine passende Aufgabenstellung.

a)
Benzin in l	1	20	40	50
Preis in €		28,00		

b)
Zeit in min	15	30	45	60
Wasser in l	90			

c)
Arbeitszeit in h	10	20	30	40
Lohn in €				320

d)
Silber in cm³	5	10	30	40
Masse in g			315	

e)
Länge in m	0,5	2,5		30
Masse in kg	1,2		12	

f)
Zeit in h		1		3
Weg in km	1		6	12

2 Veranschauliche die Zuordnungen im Koordinatensystem und entscheide jeweils, ob sie proportional sind.

a)
x	1	2	3	4	5	6
y	0,5	1	1,5	2	2,5	3

b)
x	1	2	3	4	5	6
y	2	3	3,5	4	5	5,5

c)
x	1	2	3	4	5	6
y	1,5	2	2,5	3	3,5	4

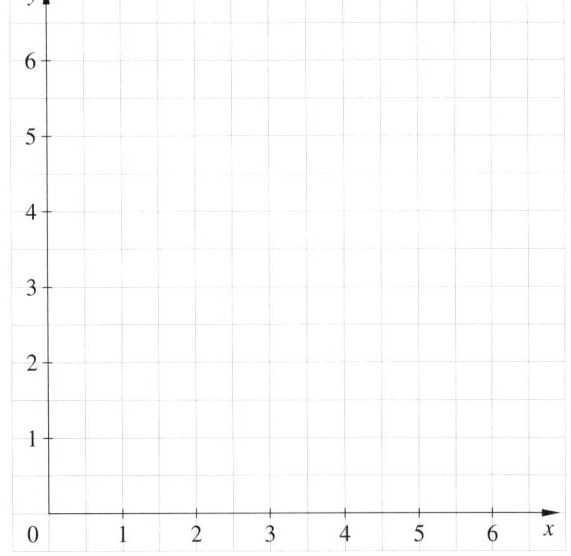

3 Ergänze die Tabellen zu den proportionalen Zuordnungen.

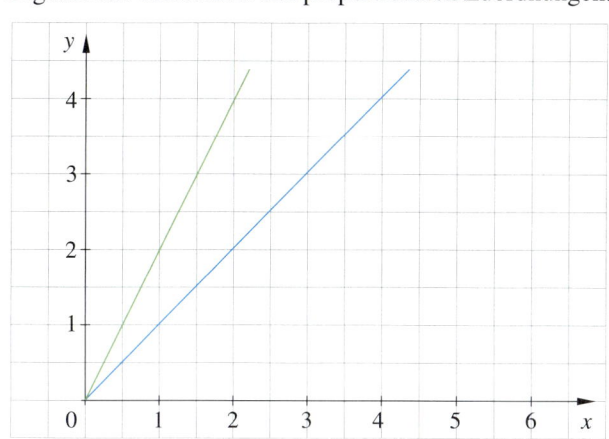

blau

x	1	2	3	4
y				

grün

x	1	2	3	4
y				

4 Ergänze die Koordinatensysteme jeweils um drei weitere Punkte, so dass proportionale Zuordnungen dargestellt sind.

a) 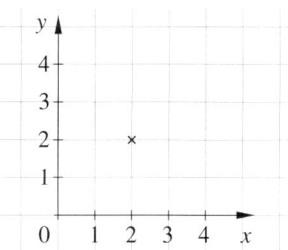   b) 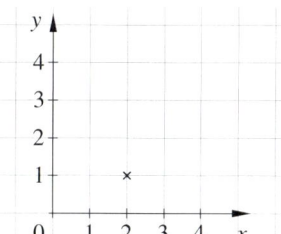   c)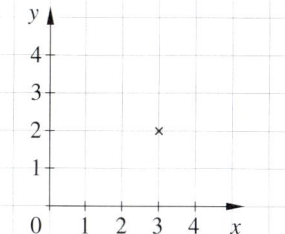

Anwenden und Vernetzen

5 Einwohnerzahlen einiger großer Städte

 Berlin 3 400 000

Kairo 7 700 000

Moskau 10 400 000

New York 8 200 000

 Paris 2 100 000

Rio de Janeiro 6 000 000

Sydney 3 800 000

Tokio 8 500 000

Veranschauliche die Zuordnung der Höhe der dargestellten Person zur Einwohnerzahl. Woran ist zu erkennen, dass sie proportional ist?

_____

_____

_____

_____

Tests

Kapitel Teilbarkeit

1. Welche Ziffer kann jeweils für das Sternchen (*) eingesetzt werden? Finde mehrere Möglichkeiten.

   a) 704* ist durch 2 teilbar. _____

   b) 56*4 ist durch 4 teilbar. _____

   c) 56*1 ist durch 3 teilbar. _____

   d) 7*50 ist durch 6 teilbar. _____

   e) 356* ist durch 5 teilbar. _____

   f) 821* ist durch 10 teilbar. _____

2. Teiler und Vielfache

   a) Gib alle Teiler an.

   T_{18} = { _____ } T_{66} = { _____ }

   b) Bestimme jeweils den größten gemeinsamen Teiler.

   ggT (18; 72) = _____   ggT (18; 66; 72; 78) = _____

   c) Bestimme jeweils das kleinste gemeinsame Vielfache.

   kgV (18; 72) = _____   kgV (18; 66) = _____

3. Schreibe als Summe zweier Primzahlen.

   12 = ☐ + ☐   18 = ☐ + ☐   24 = ☐ + ☐   40 = ☐ + ☐

4. Von 6:30 bis 8:30 Uhr fahren jeweils, 2 Minuten nachdem ein Zug ankam, die Busse der Linien 13, 24 und 35 gleichzeitig vom zugehörigen Busbahnhof ab.

   Die Busse der Linie 13 fahren ab 6:30 Uhr alle 20 Minuten.
   Die Busse der Linie 24 fahren ab 6:30 Uhr alle 15 Minuten.
   Die Busse der Linie 35 fahren ab 6:30 Uhr alle 12 Minuten.
   Ermittle, wann die Busse gleichzeitig abfahren.

5. In einem Gefäß sind 72 rote, 60 grüne und 36 weiße Gummibärchen. Diese sollen in Tüten abgefüllt werden, sodass in jeder Tüte die gleiche Anzahl an roten, grünen und weißen Gummibärchen ist.
   Welche Anzahl an Tüten ist möglich?

Kapitel Brüche – Vergleichen, Addieren und Subtrahieren

1 Erweitere …

   a) mit 5: $\frac{3}{7}=$ _____   b) mit 5: $\frac{2}{13}=$ _____   c) mit 7: $\frac{3}{4}=$ _____

   d) mit 9: $\frac{2}{3}=$ _____   e) mit 10: $\frac{3}{10}=$ _____   f) mit 2: $\frac{7}{8}=$ _____

2 Kürze so weit wie möglich.

   a) $\frac{42}{100}=$ _____   b) $\frac{5}{20}=$ _____   c) $\frac{21}{49}=$ _____   d) $\frac{30}{45}=$ _____

   e) $\frac{24}{36}=$ _____   f) $\frac{60}{70}=$ _____   g) $\frac{48}{60}=$ _____   h) $\frac{36}{39}=$ _____

3 Vergleiche die Brüche rechnerisch.

   a) $\frac{5}{9}$ und $\frac{7}{10}$ _____

   b) $\frac{11}{25}$ und $\frac{13}{20}$ _____

   c) $\frac{5}{18}$ und $\frac{7}{27}$ _____

4 Gib je drei Brüche an, die zwischen …

   a) $\frac{1}{5}$ und $\frac{4}{5}$, _____

   b) $\frac{2}{17}$ und $\frac{4}{17}$ liegen. _____

5 Addiere und subtrahiere. Kürze, wenn möglich, das Ergebnis.

   a) $\frac{2}{7}+\frac{4}{7}=$ _____   b) $\frac{9}{5}-\frac{4}{5}=$ _____   c) $\frac{2}{9}+\frac{5}{18}=$ _____

   d) $\frac{2}{3}-\frac{1}{4}=$ _____   e) $\frac{10}{7}-\frac{8}{6}=$ _____   f) $\frac{17}{15}-\frac{9}{20}=$ _____

6 Bei einer Klassenarbeit bekam die Hälfte der Klasse eine 2 oder eine 3. Ein Drittel der Klasse bekam eine 3, ein Achtel der Klasse bekam eine 1. Wie groß war der Anteil der Schüler, die eine 2 bekamen?

   _____
   _____

7 Laurin und Caroline haben Bruchaufgaben mithilfe einer Zeichnung gelöst. Findest du heraus, welche Aufgaben es waren? Wie lauten die Ergebnisse?

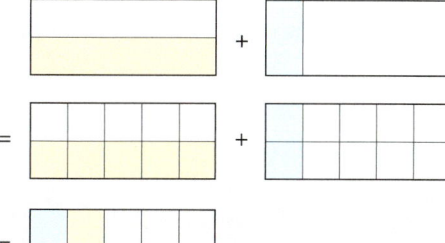
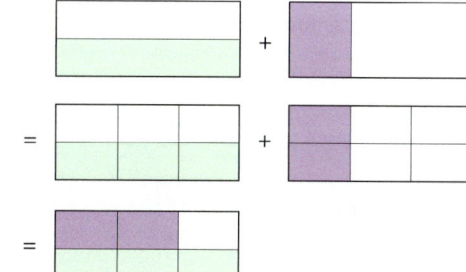
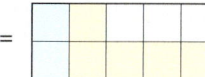

Kapitel Winkel

1 Zeichne die Figur nach.

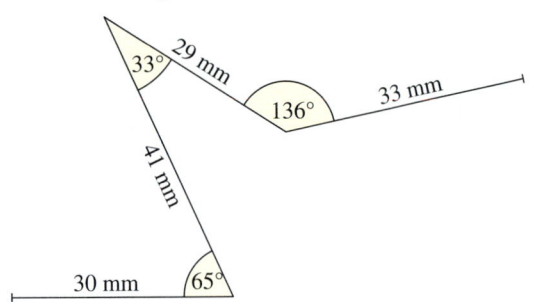

2 Ergänze jeweils zu einem Winkel mit der vorgegebenen Größe und gib die Winkelart an.

$\alpha = 70°$ $\beta = 24°$ $\gamma = 139°$ $\delta = 65°$

3 Bestimme, um wie viel Grad sich der Minutenzeiger einer Uhr bewegt.

a) 10 Minuten entsprechen _____

b) 25 Minuten entsprechen _____

c) 55 Minuten entsprechen _____

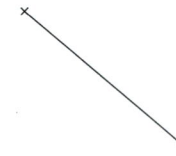

4 Winkel messen und zeichnen

a) Gib die Art und die Größe der Winkel an.

$\alpha =$ _____ _____

$\beta =$ _____ _____

$\gamma =$ _____ _____

$\delta =$ _____ _____

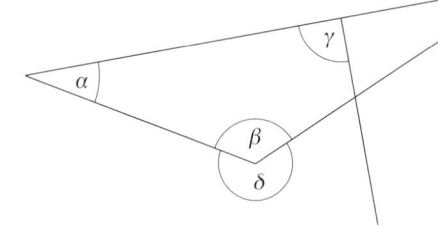

5 In der Zeichnung ist ein Parallelogramm zu sehen.

a) Miss die Winkel und gib ihre Größe in Grad an.

$\alpha =$ _____ $\beta =$ _____ $\gamma =$ _____ $\delta =$ _____

b) Welche Winkel sind gleich groß? Markiere sie mit gleichen Farben.

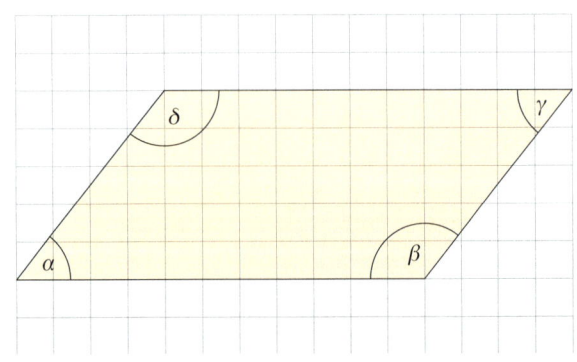

Kapitel Dezimalbrüche – Umwandeln, Addieren und Subtrahieren

1. Die folgenden Dezimalbrüche sind bereits auf Hundertstel gerundet worden. Nenne jeweils drei mögliche Ausgangszahlen.

   a) 143,82   b) 5091,45

2. Wandle Brüche in Dezimalbrüche um und umgekehrt.

   a) $\frac{19}{100}$ _____   b) $\frac{3}{20}$ _____   c) $\frac{18}{25}$ _____

   d) $\frac{96}{800}$ _____   e) 0,09 _____   f) 0,8 _____

3. Gib als Dezimalbruch und als vollständig gekürzten Bruch an.

   a) 40 % _____   b) 3 % _____   c) 28 % _____

4. Ordne die Dezimalbrüche jeweils der Größe nach. Beginne mit der kleinsten.

   a) 0,452; 0,99; 0,254; 0,945; 0,989; 0,53

   b) 5,83; 5,413; 5,9; 5,42; 5,417; 5,839

   c) 0,777; 7,07; 0,007; 7,007; 7,7; 0,707

5. Wandle in gemeine Brüche um. Kürze, wenn möglich.

   a) 0,18 _____   b) 0,02 _____   c) 1,54 _____

6. Schreibe mit einem Periodenstrich.

   a) 0,55… _____   b) 3,011… _____   c) 0,45959… _____   d) 4,0202… _____

7. Gib jeweils zwei Streckenlängen an, die zwischen den folgenden Streckenlängen liegen.

   a) 4,05 m und 4,10 m _____   b) 1,263 cm und 1,27 cm _____

   c) 64,5 mm und 7,4 cm _____   d) 0,20 m und 21 cm _____

8. Schreibe die Zahlen richtig untereinander und berechne. Überschlage vorher.

   a) 5,007 + 0,702 + 25,6   b) 58,25 + 4,8 + 2,05   c) 100,2 − 59,63 − 0,45

   $5 + 1 + 26 = 32$

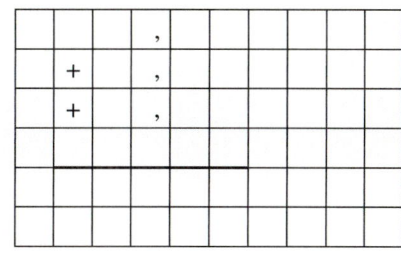
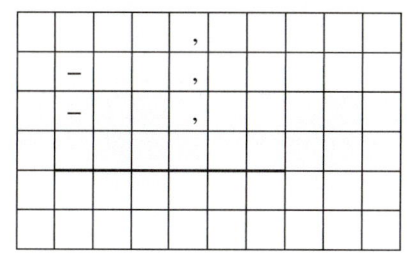

Kapitel **Symmetrie**

1 Überprüfe, ob die Figuren drehsymmetrisch sind. Gib gegebenenfalls den kleinsten Drehwinkel an.

a)    b) 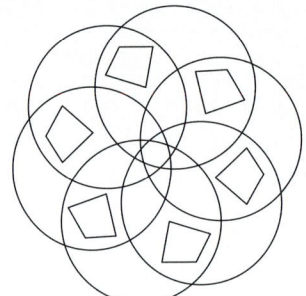   c)

_____   _____   _____

_____   _____   _____

2 Ergänze die vorgegebenen Figuren zu punktsymmetrischen Figuren mit dem Symmetriepunkt S.

a) 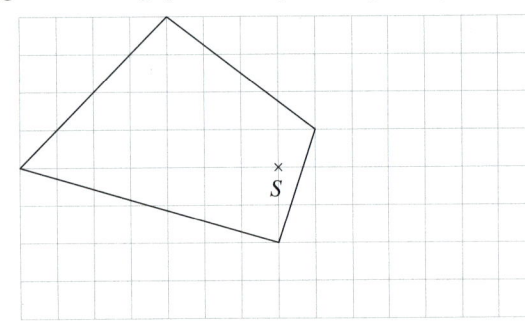   b)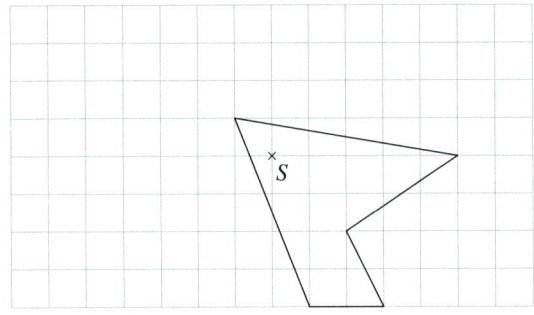

3 Die Figur a) ist drehsymmetrisch, wenn man die Farben berücksichtigt.
Färbe die Figuren b) und c) so, dass sie auch drehsymmetrisch sind, aber nicht achsensymmetrisch.

a) 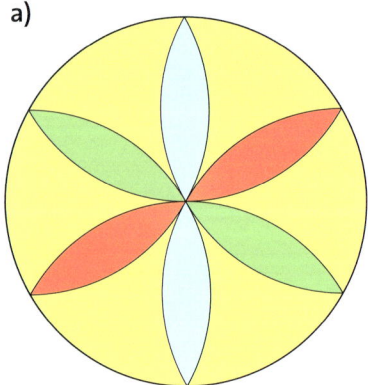   b) 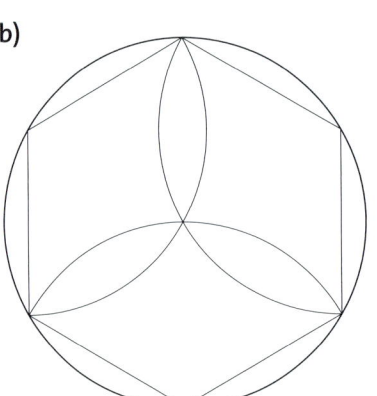   c)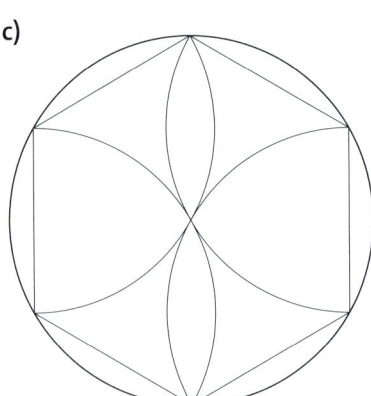

4 Führe jeweils eine Drehung um den Drehpunkt D mit folgenden Winkeln aus: 90°, 180°.

a) 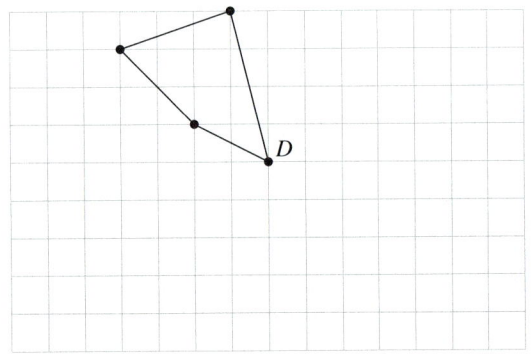   b)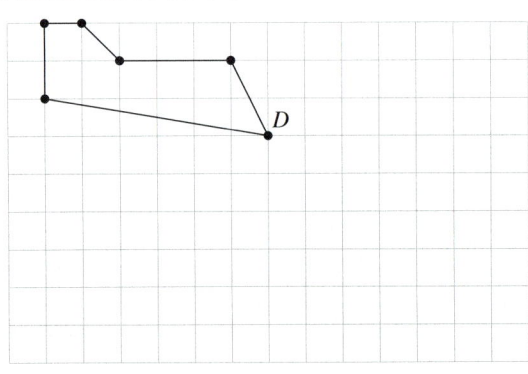

Kapitel Dezimalbrüche und Brüche – Multiplizieren und Dividieren

1 Berechne im Kopf.

a) $0{,}3 \cdot 4 =$ _____

b) $9{,}8 : 7 =$ _____

c) $12 \cdot 0{,}8 =$ _____

d) $1{,}2 : 6 =$ _____

e) $4{,}5 : 5 =$ _____

f) $0{,}09 \cdot 7 =$ _____

g) $2 \cdot 0{,}02 =$ _____

h) $1{,}8 : 0{,}6 =$ _____

i) $0{,}3 \cdot 0{,}4 =$ _____

j) $5 : 0{,}25 =$ _____

k) $6 : 1{,}5 =$ _____

l) $5 \cdot 0{,}03 =$ _____

2 Überschlage zuerst und dividiere schriftlich.

a) $2004{,}87 : 7$ _____

b) $69{,}21 : 0{,}9$ _____

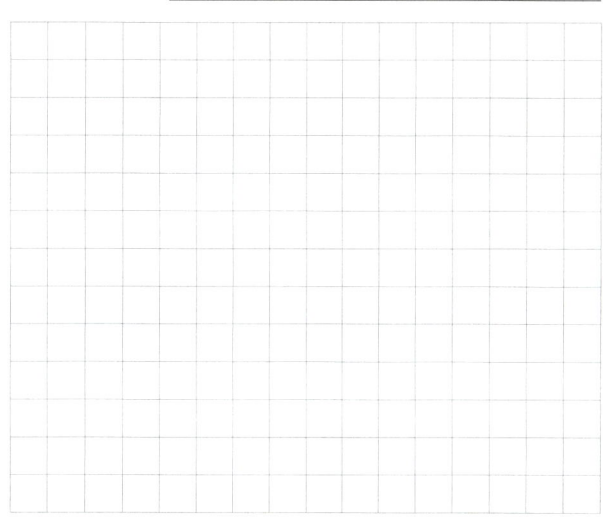

3 Für einen Euro bekam man am 14.05.2010 in der Wechselstube 1,409 Schweizer Franken.

a) Wie viel Schweizer Franken bekam man für 32 Euro?

b) Eine Kugel Eis kostet 0,65 €. Wieviel ist das in Schweizer Franken?

4 Multipliziere. Gib, wenn möglich, das Ergebnis als gemischte Zahl an.

a) $\frac{3}{10} \cdot 9 =$ _____

b) $\frac{3}{4} \cdot 8 =$ _____

c) $\frac{3}{4} \cdot 15 =$ _____

d) $\frac{1}{3} \cdot \frac{5}{8} =$ _____

e) $\frac{5}{3} \cdot \frac{3}{2} =$ _____

f) $\frac{18}{2} \cdot \frac{1}{11} =$ _____

5 Berechne drei Viertel von 5000 Einwohnern _____

Kapitel **Körper**

1 Wandle in die gegebene Einheit um.

a) 6 500 cm³ = _____ dm³   b) 0,3 m³ = _____ dm³

c) 3,8 cm³ = _____ mm³   d) 0,0008 m³ = _____ cm³

e) 14 l = _____ dm³   f) 2 750 ml = _____ l

2 Quader

Berechne das Volumen und den Oberflächeninhalt des Quaders, dessen Körpernetz abgebildet ist.

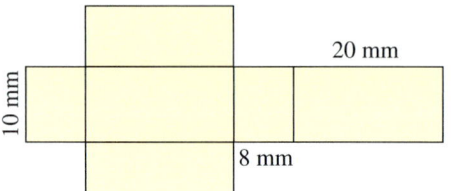

3 Ergänze die Tabelle.

Würfel	Kantenlänge	Volumen	Oberflächeninhalt
A	2 dm		
B		125 cm³	
C			600 mm²

4 Die Firma Haller füllt Fruchtsaft in Getränkekartons. Die Designabteilung entwirft einen neuen quaderförmigen Karton für 0,7 l Orangensaft.

a) Die Maschinen der Firma können zwei Arten von Kartons herstellen.
Karton A hat 10 cm Länge und 10 cm Breite.
Karton B hat 14 cm Länge und 5 cm Breite.
Die Höhe kann an der Maschine eingestellt werden.
Wie hoch muss Karton A bzw. Karton B werden, um 0,7 l zu enthalten?

b) Die Materialkosten hängen von der Oberfläche ab. Berechne die Oberflächeninhalte von Karton A und Karton B.

Kapitel Daten

1 Lies die Datenlisten genau durch und ermittle den Durchschnitt und den Zentralwert.

a)
Name	Körpergröße
Nicole	165
Bettina	167
Katja	158
Yvonne	154
Sabrina	167
Sigrun	171
Elke	159

b)
Name	Schuhgröße
Christian	44
Sebastian	42
Jan	44
Phillip	40
Johannes	42
Ingo	43
Jens	40
Sven	41

Summe aller Werte: _____

Anzahl der Werte: _____

Durchschnitt: _____

Zentralwert: _____

Summe aller Werte: _____

Anzahl der Werte: _____

Durchschnitt: _____

Zentralwert: _____

2 Ein Würfel wird 30-mal geworfen. Die Strichliste zeigt, wie oft die Augenzahlen gewürfelt wurden. Vervollständige die Tabelle mit den absoluten und relativen Häufigkeiten.

Augenzahl		1	2	3	4	5	6
Strichliste		ⅢⅠ	ⅠⅠⅠⅠ	Ⅲ	ⅠⅠⅠ	ⅢⅠⅠ	Ⅲ
absolute Häufigkeit							
relative Häufigkeit	Bruch						
	Prozent						

3 In einer Umfrage wurde die Anzahl der Haustiere ermittelt. Stelle die Ergebnisse der Umfrage in einem Kreisdiagramm dar.

Anzahl der Haustiere	Häufigkeit
0	5
1	12
2	6
3 oder mehr	8

Kapitel **Zuordnungen**

1 Gib an ob es sich jeweils um eine proportionale Zuordnung handelt.

a) _____ Zuordnung

x	4	7	10	24	50	70
y	48	84	120	268	600	720

b) _____ Zuordnung

x	2	8	12	40	50	75
y	100	25	15	5	4	2,5

c) _____ Zuordnung

x	2	4	6	8	10
y	60	30	20	15	12

d) _____ Zuordnung

x	21	15	9	3	27
y	28	20	12	4	36

2 Ergänze die Tabellen. Es handelt sich um proportionale Zuordnungen.

a)
2	4	10	12	36
7				

b)
5	10	25		70
	8		40	

3 Fortbewegung mit …

a) Ergänze die Tabelle zu einer proportionalen Zuordnung und veranschauliche diese im Koordinatensystem.

Weg	Zeit
45 km	30 min
	10 min
3 km	
	40 min
150 km	
	2 h

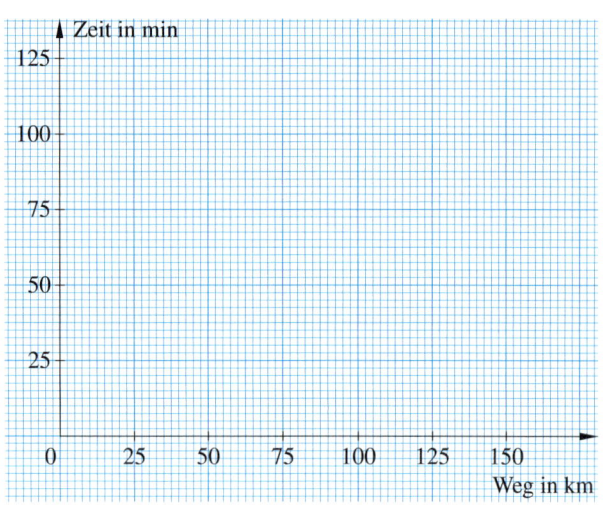

b) Unter welcher Voraussetzung ist die Zuordnung *Weg → Zeit* proportional?

_____

c) Welche der Rennstrecken passt am besten zum Diagramm bei Teilaufgabe **b**? Begründe deine Entscheidung.

   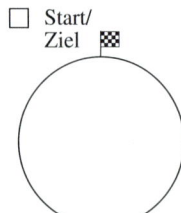

Arbeitsheft

Schlüssel zur Mathematik
Klasse 6
Niedersachsen

LÖSUNGEN

Cornelsen

Redaktion: Dr. Alexander Westphal

Bildredaktion: Peter Hartmann
Grafik: Christian Görke
Technische Umsetzung: Ralf Franz, CMS – Cross Media Solutions GmbH

Bildnachweis
Fotos Titel © Europa-Park Mack K.G. / Pressebild; Ekkehardt Nitschke, Berlin: 9; Mathias Woscyna, Rheinbreitbach: 15; picture-alliance / dpa / LaPresse / Virginmia Farneti: 21; Profil Fotografie / Marek Lange: 25, 39, 64; Cornelsen Verlagsarchiv: 26, 33, 35-1, 41; Fotolia/Real Illusion; 28; Schapowalow, Hamburg / SIME: 35-2; Simone Lambert, Berlin: 37; Frank Welke, Berlin: 38; Mathias Wosczyna, Rheinbreitbach: 43; picture-alliance / dpa: 51; Norbert Schäfer, Düsseldorf: 54; Rhewa-Waagenfabrik, Mettmann: 68; Avenue Images, Hamburg / Index Stock / B. Freund: 70
Illustrationen Joachim Gottwald, Potsdam: 5, 7; Gudrun Lenz, Berlin: 23, 31, 45, 55, 62; Peter Menne, Potsdam: 38

Inhaltsverzeichnis

Teilbarkeit **2**

Teiler, Vielfache und Primzahlen 2
Teilbarkeitsregeln 4
Gemeinsame Teiler und gemeinsame Vielfache ... 6

Brüche – Vergleichen, Addieren und Subtrahieren **8**

Brüche erweitern und kürzen 8
Brüche vergleichen und ordnen 10
Brüche addieren und subtrahieren 12

Winkel **14**

Winkelarten, Winkel messen und zeichnen 14
Winkel an Geradenkreuzungen 16

Dezimalbrüche – Umwandeln, Addieren und Subtrahieren **18**

Brüche, Dezimalbrüche und Prozentschreibweise 18
Brüche und Dezimalbrüche ineinander umwandeln ... 20
Dezimalbrüche vergleichen und runden 22
Dezimalbrüche addieren und subtrahieren 24

Symmetrie **26**

Punktsymmetrische Figuren 26
Drehsymmetrische Figuren 28

Dezimalbrüche und Brüche – Multiplizieren und Dividieren **30**

Dezimalbrüche multiplizieren 30
Dezimalbrüche dividieren 32
Brüche multiplizieren 34
Brüche dividieren 36

Körper **38**

Körperformen erkennen und beschreiben 38
Schrägbilder zeichnen 40
Netz von Quader und Würfel 42
Oberfläche von Quader und Würfel 44
Vergleichen und Messen von Körpern 46

Daten **48**

Negative Zahlen 48
Häufigkeiten 50
Relative Häufigkeit und Wahrscheinlichkeit 52
Mittelwerte bilden 54
Daten in Diagrammen darstellen und auswerten ... 56

Zuordnungen **58**

Zuordnungen 58
Proportionale Zuordnungen mit dem Dreisatz ... 60

Tests **62**

Kapitel Teilbarkeit 62
Kapitel Brüche – Vergleichen, Addieren und Subtrahieren ... 63
Kapitel Winkel 64
Kapitel Dezimalbrüche – Umwandeln, Addieren und Subtrahieren ... 65
Kapitel Symmetrie 66
Kapitel Dezimalbrüche und Brüche – Multiplizieren und Dividieren ... 67
Kapitel Körper 68
Kapitel Daten 69
Kapitel Zuordnungen 70
Jahrgangsstufentest 71

Dieses Heft gehört:

Klasse:

Teilbarkeit

Teiler, Vielfache und Primzahlen

▶ Grundwissen

Wenn bei der Division einer natürlichen Zahl a ($a \neq 0$) durch eine natürliche Zahl b kein Rest bleibt, so ist a durch b **teilbar**. Man sagt: b ist ein **Teiler** von a und a ist ein **Vielfaches** von b.
Alle Teiler einer Zahl zusammen bilden die **Teilermenge** dieser Zahl.
Zahlen, die genau zwei Teiler haben (und zwar die 1 und sich selbst), heißen Primzahlen.

Primzahlen sind z.B.: 2; 3; 5; 7; 11; 13; 17

▶ Auftrag: Gib die ersten 7 Primzahlen an.

Trainieren

1 Begründe.

a) Warum ist 27 keine Primzahl?   Die Zahl 27 ist keine Primzahl, weil sie durch 1, 3, 9 und 27 teilbar ist.

b) Warum ist 71 eine Primzahl?   Die Zahl 71 ist eine Primzahl, weil sie nur durch 1 und sich selbst teilbar ist.

2 Ergänze die fehlende Ziffer so, dass eine passende Zahl entsteht.

a) 6 ist ein Teiler von 3__6__   b) 8 ist ein Teiler von 7__2__
c) 12 ist ein Teiler von 7__2__   d) 27 ist ein Teiler von 2__7__
e) 15 ist ein Teiler von 9__0__   f) 13 ist ein Teiler von 6__5__
g) 29 ist ein Teiler von 8__7__   h) 19 ist ein Teiler von 7__6__
i) 4 ist ein Vielfaches von 11   j) 3 9 ist ein Vielfaches von 13.
k) 7 8 ist ein Vielfaches von 39. l) 7 2 ist ein Vielfaches von 24.
m) 8 5 ist ein Vielfaches von 17. n) 9 5 ist ein Vielfaches von 19.
o) 9 2 ist ein Vielfaches von 23. p) 5 4 ist ein Vielfaches von 18.
q) 11 ist ein Teiler von 12__1__ r) 1 44 ist ein Vielfaches von 12.

3 Gib die Teilermengen an.

a) $T_{42} = \{$ 1, 2, 3, 6, 7, 14, 21, 42 $\}$
b) $T_{59} = \{$ 1, 59 $\}$
c) $T_{21} = \{$ 1, 3, 7, 21 $\}$
d) $T_{36} = \{$ 1, 2, 3, 4, 6, 9, 12, 18, 36 $\}$
e) $T_{68} = \{$ 1, 2, 4, 17, 34, 68 $\}$
f) $T_{73} = \{$ 1, 73 $\}$
g) $T_{84} = \{$ 1, 2, 3, 4, 6, 7, 12, 14, 21, 28, 42, 84 $\}$
h) $T_{69} = \{$ 1, 3, 23, 69 $\}$
i) $T_{99} = \{$ 1, 3, 9, 11, 33, 99 $\}$
j) $T_{105} = \{$ 1, 3, 5, 7, 15, 21, 35, 105 $\}$
k) $T_{124} = \{$ 1, 2, 4, 31, 62, 124 $\}$
l) $T_{142} = \{$ 1, 2, 71, 142 $\}$
m) $T_{150} = \{$ 1, 2, 3, 5, 6, 10, 15, 25, 30, 50, 75, 150 $\}$
n) $T_{117} = \{$ 1, 3, 9, 13, 39, 117 $\}$
o) $T_{102} = \{$ 1, 2, 3, 6, 17, 34, 51, 102 $\}$
p) $T_{185} = \{$ 1, 5, 37, 185 $\}$

4 Welche der Zahlen sind Vielfache

a) von 7?   21; 35; 63; 84; 168; 189 und 217 sind Vielfache von 7.

21; 25; 35; 50; 63; 72; 84; 121; 135; 149;168;179; 189; 217

b) von 9?   27; 72; 108; 198; 216; 241 und 315 sind Vielfache von 9.

17; 27; 44; 72; 98; 108; 163; 198; 216; 243;254; 315; 337

c) von 16?   64; 144; 240; 384 und 464 sind Vielfache von 16.

33; 52; 64; 98; 144; 178; 212; 240; 298; 384;428; 464; 490

5 Schreibe in die Lücke „ist Vielfaches von" oder „ist Teiler von".

a) 6 ___ist Teiler von___ 54.   b) 36 ___ist Vielfaches von___ 4.
c) 9 ___ist Vielfaches von___ 3. d) 4 ___ist Teiler von___ 28.
e) 42 ___ist Vielfaches von___ 21. f) 12 ___ist Teiler von___ 72.
g) 38 ___ist Teiler von___ 76.   h) 99 ___ist Vielfaches von___ 33.
i) 45 ___ist Vielfaches von___ 5. j) 18 ___ist Teiler von___ 72.

Anwenden und Vernetzen

6 Welcher Wochentag ist in 24 Tagen?
Diese und ähnliche Fragen können schnell mithilfe der folgenden Tabelle beantwortet werden.

Tage	24	75	105	141	149	300
Rest bei der Division der Tage durch 7	3	5	0	1	4	6
Wochentag						

a) Ergänze die Tabelle.
Erläutere, wie mithilfe der Tabelle die Wochentage bestimmt werden können.

Interessant ist der Rest nach der Division durch 7 (Anzahl der Wochentage). Ist beispielsweise gefragt,

welcher Wochentag in 24 Tagen ist, so weiß man, dass in 21 Tagen wieder derselbe Wochentag wie heute ist.

Dementsprechend muss man dann noch um den Rest (also 3) bei den Wochentagen weiterzählen.

b) Martin überlegt, ob die Tabelle so erweiterbar ist, dass schnell das zugehörige Datum zu bestimmen ist.
Was meinst du dazu?

Da nicht alle Monate gleich lang sind und es Schaltjahre gibt, ist dieses nicht möglich.

7 Zerlege dein Geburtsjahr in ein Produkt von Primzahlen. Überlege zuerst, wie man dabei vorgehen sollte.

individuelle Lösung

Teilbarkeit

Teilbarkeitsregeln

▶ Grundwissen

Eine Zahl ist teilbar durch 10, wenn ihre letzte Ziffer __0__ ist.

Eine Zahl ist teilbar durch 5, wenn ihre letzte Ziffer __0__ oder __5__ ist.

Eine Zahl ist teilbar durch 2, wenn ihre letzte Ziffer __0__, __2__, __4__, __6__ oder __8__ ist.

Die Summe aller Ziffern einer Zahl nennt man **Quersumme**.

Eine Zahl ist teilbar durch 3, wenn ihre Quersumme durch __3__ teilbar ist.

▶ **Auftrag:** Ergänze jeweils zu einem korrekten Satz.

Trainieren

1 Schreibe neben die Zahlen, ob sie durch 10, 5 oder 2 teilbar sind.

100   ist teilbar durch __2, 5 und 10__

240   ist teilbar durch __2, 5 und 10__

242   ist teilbar durch __2__

55 555   ist teilbar durch __5__

55 560   ist teilbar durch __2, 5 und 10__

68 644   ist teilbar durch __2__

75 000   ist teilbar durch __2, 5 und 10__

88 882   ist teilbar durch __2__

2 Bestimme die Quersummen der folgenden Zahlen:

365   Quersumme: __14__   453   Quersumme: __12__

987   Quersumme: __24__   789   Quersumme: __24__

1 234   Quersumme: __10__   4 321   Quersumme: __10__

9 994   Quersumme: __31__   9 285   Quersumme: __24__

90 407   Quersumme: __20__   476 397   Quersumme: __36__

3 Streiche die falschen Antworten jeweils durch.

3 | 9 994   ~~Ja~~ / Nein   3 | 12 345   ~~Ja~~ / Nein   3 | 1 236 912   Ja / ~~Nein~~

3 | 90 407   ~~Ja~~ / Nein   3 | 963 696   Ja / ~~Nein~~   3 | 34 599 612   Ja / ~~Nein~~

4 Trage einen Haken ein, wenn die Zahl in der ersten Reihe durch die Zahl in der ersten Spalte teilbar ist, benutze dazu die Teilbarkeitsregeln.

	30	36	144	120	123 450	36 363	96 360
2	✓	✓	✓	✓	✓		✓
3	✓	✓	✓	✓	✓	✓	✓
5	✓			✓	✓		✓
10	✓			✓	✓		✓

5 Schreibe in die Kreise die Teiler der Zahlen.
Hinweis: Die Summe aller Teiler ist 78.

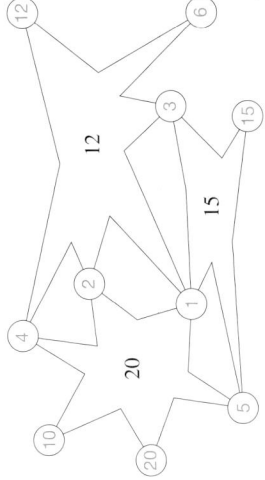

6 Kreuze an.

	72	105	396	45	320	457	5 616	9 632	6 666	4 852	2 160
2 ist Teiler von …	×		×		×		×	×	×	×	×
3 ist Teiler von …	×	×	×	×			×		×		×
4 ist Teiler von …	×		×		×		×	×		×	×
5 ist Teiler von …		×		×	×						×
9 ist Teiler von …	×		×	×			×				×
10 ist Teiler von …					×						×

7 Trage alle Teiler ein.

a) T_{12} = { __1; 2; 3; 4; 6; 12__ }   b) T_{35} = { __1; 5; 7; 35__ }

c) T_{37} = { __1; 37__ }   d) T_{66} = { __1; 2; 3; 6; 11; 22; 33; 66__ }

Anwenden und Vernetzen

8 Eine Mutter hat vier Kinder. Franziska besucht die Mutter jeden zweiten Tag, Martin jeden dritten Tag, Stephanie jeden vierten Tag und Leopold jeden fünften Tag. Am 31. Dezember sind alle vier Kinder bei der Mutter.

a) Markiere mit vier verschiedenen Farben, an welchen Tagen welche Kinder bei der Mutter sind.

Januar: 1 M   F F S S   5 M   F F S S   M 10 M   F F S S   M 15 M   F F S S   20 M   F F S S   M 25 M   F F S S   M   M 31 L

Februar: 1 M   F F S S   5 M   F F S S   M 10 M   F F S S   M 15 M   F F S S   20 M   F F S S   M 25 M   F F S S

b) Welche Kinder sind am 20. Januar bei der Mutter?

__Franziska, Stephanie und Leopold__

c) Nach wie vielen Tagen treffen sich jeweils alle Kinder bei der Mutter?

__Sie treffen sich nach jeweils 60 Tagen.__

d) An welchem Tag sind erstmals wieder alle Kinder bei der Mutter?

__29. Februar (Schaltjahr; 1. März)__

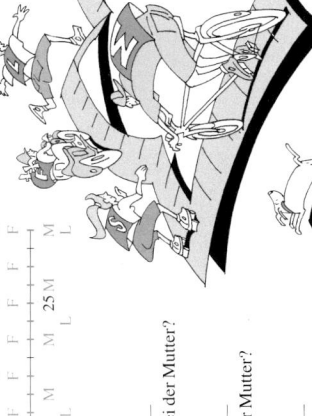

Gemeinsame Teiler und gemeinsame Vielfache

▶ Grundwissen

Gemeinsame Teiler zweier Zahlen findet man, wenn man die Teilermengen vergleicht. Der **größte gemeinsame Teiler (ggT)** zweier Zahlen ist die größte Zahl, die in beiden Teilermengen vorkommt. Zahlen, deren größter gemeinsamer Teiler 1 ist, heißen **teilerfremd**.

Ähnlich wie bei den Teilermengen kann man auch die Vielfachen einer Zahl in **Vielfachenmengen** aufschreiben, z. B. $V_6 = \{6; 12; 18; \ldots\}$ oder $V_5 = \{5; 10; 15; \ldots\}$. Bildet man die Vielfachen zweier Zahlen, so treten **gemeinsame Vielfache** auf. Diese findet man durch Vergleich der Vielfachenmengen. Das **kleinste gemeinsame Vielfach (kgV)** zweier Zahlen ist die kleinste Zahl, die in beiden Vielfachenmengen vorkommt.

$T_{16} = \{$ _1; 2; 4; 8; 16_ $\}$ $T_{24} = \{$ _1; 2; 3; 4; 6; 8; 12; 24_ $\}$

$V_{16} = \{$ _16; 32; 48; 64; ..._ $\}$ $V_{24} = \{$ _24; 48; 72; 96; ..._ $\}$

$ggT(16; 24) =$ _8_ $kgV(16; 24) =$ _48_

▶ **Auftrag:** Bestimme den ggT und das kgV von 16 und 24.

Trainieren

1 Bestimme jeweils das kleinste gemeinsame Vielfache im Kopf.

a) $kgV(5; 7) =$ _35_   b) $kgV(12; 4) =$ _12_   c) $kgV(21; 14) =$ _42_

d) $kgV(4; 7) =$ _28_   e) $kgV(15; 20) =$ _60_   f) $kgV(12; 5) =$ _60_

2 Trage die Teiler an den richtigen Stellen ein und gib den größten gemeinsamen Teiler an.

a) $ggT(15; 24) =$ _3_   b) $ggT(18; 30) =$ _6_

(Venn-Diagramme: T_{15} enthält 5, 15; Schnitt mit T_{24} enthält 1, 3; T_{24} enthält 2, 6, 12, 24. T_{18} enthält 9, 18; Schnitt mit T_{30} enthält 1, 2, 3, 6; T_{30} enthält 5, 10, 15, 30.)

3 Ergänze jeweils zwei Zahlen, die den vorgegebenen größten gemeinsamen Teiler haben.
z. B.

a) $ggT($ _14; 21_ $) = 7$ b) $ggT($ _45; 60_ $) = 15$

c) $ggT($ _77; 99_ $) = 11$ d) $ggT($ _23; 46_ $) = 23$

e) $ggT($ _48; 72_ $) = 24$ f) $ggT($ _46; 69_ $) = 23$

4 Ergänze jeweils mindestens zwei Zahlen, die das vorgegebene kleinste gemeinsame Vielfache haben.
z. B.

a) $kgV($ _32; 64_ $) = 64$ b) $kgV($ _8; 28_ $) = 56$

c) $kgV($ _10; 15_ $) = 30$ d) $kgV($ _2; 94_ $) = 94$

e) $kgV($ _7; 11_ $) = 77$ f) $kgV($ _9; 11_ $) = 99$

5 Ergänze jeweils drei Zahlen, die den vorgegebenen größten gemeinsamen Teiler haben.
z. B.

a) $ggT($ _7; 14; 210_ $) = 7$ b) $ggT($ _30; 45; 135_ $) = 15$

c) $ggT($ _22; 33; 44_ $) = 11$ d) $ggT($ _23; 46; 92_ $) = 23$

6 Ergänze.

a	8	6	8	5	6	8
b	40	24	50	14	15	16
$a \cdot b$	320	144	400	70	90	128
$kgV(a; b)$	40	24	200	70	30	16
$ggT(a; b)$	8	6	2	1	3	8

7 Schreibe alle Teiler der folgenden Zahlen auf. Unterstreiche das ggT beider Zahlen jeweils.

a) $T_{35} = \{ 1, 5, \underline{7}, 35 \}$ b) $T_{24} = \{ 1, 2, 3, \underline{4}, 6, 8, 12, 24 \}$ c) $T_{40} = \{ 2, \underline{4}, 5, 8, 10, 20, 40 \}$

$T_{28} = \{ 1, 2, \underline{4}, 7, 14, 28 \}$ $T_{32} = \{ 1, 2, \underline{4}, 8, 16, 32 \}$ $T_{100} = \{ 2, \underline{4}, 5, 10, 20, 50, 100 \}$

d) $T_{66} = \{ 1, 2, 3, 6, \underline{11}, 22, 33, 66 \}$ e) $T_{12} = \{ \underline{1}, 2, 3, 4, 6, 12 \}$ f) $T_{17} = \{ \underline{1}, 17 \}$

$T_{88} = \{ 1, 2, 4, 8, \underline{11}, 22, 44, 88 \}$ $T_{25} = \{ \underline{1}, 5, 25 \}$ $T_{14} = \{ \underline{1}, 2, 7, 14 \}$

g) $T_{36} = \{ 1, 2, 3, 4, 6, 9, \underline{12}, 36 \}$ h) $T_{37} = \{ \underline{1}, 37 \}$ i) $T_{10} = \{ \underline{1}, 2, 5, 10 \}$

$T_{24} = \{ 1, 2, 3, 4, 6, 8, \underline{12}, 24 \}$ $T_{13} = \{ \underline{1}, 13 \}$ $T_{20} = \{ \underline{1}, 2, 4, 5, 10, 20 \}$

Anwenden und Vernetzen

8 Klaus und Bernd schwimmen beim Training auf 25 m langen Bahnen gleichmäßig hin und her. Klaus benötigt für eine Bahn jeweils 24 Sekunden und Bernd 28 Sekunden.
Wie viele Bahnen ist jeder geschwommen, wenn sie sich nach dem gemeinsamen Start zum ersten Mal wieder am Beckenrand treffen?

$V_{24} = \{24, 48, 72, 96, 120, 144, 168\ldots\}$; $V_{28} = \{28, 56, 84, 112, 140, 168\ldots\}$;

$kgV(24; 28) = 168$: Nach 168 s (6 bzw. 7 Bahnen) sind sie am

Beckenrand – nur nicht am selben Ende der Bahn.

Erst nach 336 s (12 bzw. 14 Bahnen) treffen sie sich am Beckenrand.

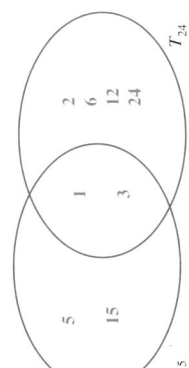

9 Max geht mit seinem Vater zur Bushaltestelle. Beide laufen nebeneinander, wobei Max 60 cm lange Schritte und sein Vater 75 cm lange Schritte macht.
Nach wie vielen Metern befinden sich jeweils ihre rechten Füße wieder nebeneinander?

$V_{60} = \{60, 120, 180, 240, 300, \ldots\}$; $V_{75} = \{75, 150, 225, 300, \ldots\}$; $kgV(60; 75) = 300$; $300\,cm \cdot 2 = 600\,cm = 6\,m$

Nach 3 m tritt einer mit dem rechten Fuß und der andere mit dem linken Fuß auf. Die rechten Füße sind erst nach

6 m nebeneinander, da die Anzahl der Schritte gerade ist. Bei 6 m hat Max 10 und sein Vater 8 Schritte zurückgelegt.

Brüche – Vergleichen, Addieren und Subtrahieren

Brüche erweitern und kürzen

▶ Grundwissen

Brüche erweitern heißt, für das Ganze eine feinere Einteilung zu wählen. Dazu werden Zähler und Nenner eines Bruches mit der gleichen Zahl multipliziert.

Beispiel: $\frac{1}{4} \overset{\cdot 3}{=} \frac{3}{12}$

Brüche kürzen heißt, für das Ganze eine gröbere Einteilung zu wählen. Dazu werden Zähler und Nenner eines Bruches durch die gleiche Zahl dividiert.

Beispiel: $\frac{9}{15} \overset{:3}{=} \frac{3}{5}$

▶ **Auftrag:** Färbe die angegebenen Brüche in den Rechtecken und vergleiche sie.

Trainieren

1 Unterteile das Rechteck in 6 gleich große Streifen von unten nach oben. Unterteile jeden Streifen in 5 gleich große Teile.

a) Färbe $\frac{2}{6}$ des Rechtecks blau und $\frac{1}{5}$ grau ein. Gib jeweils die Anteile in Dreißigstel an.

blau: $\frac{2}{6} = \frac{10}{30}$

grau: $\frac{1}{5} = \frac{6}{30}$

ungefärbt: $\frac{14}{30}$

b) Gib die Anteile mit anderen Brüchen an.

blau: $\frac{2}{6} = \frac{5}{15} = \frac{1}{3}$

grau: $\frac{1}{5} = \frac{3}{15} = \frac{2}{10}$

ungefärbt: $\frac{14}{30} = \frac{7}{15}$

2 Erweitere…

a) mit 5: $\frac{1}{2} = \frac{5}{10}$
b) mit 4: $\frac{3}{5} = \frac{12}{20}$
c) mit 5: $\frac{7}{16} = \frac{35}{80}$
d) mit 2: $\frac{2}{5} = \frac{4}{10}$

e) mit 5: $\frac{7}{8} = \frac{35}{40}$
f) mit 10: $\frac{4}{5} = \frac{40}{50}$
g) mit 9: $\frac{3}{5} = \frac{27}{45}$
h) mit 11: $\frac{6}{7} = \frac{66}{77}$

3 Kürze so weit wie möglich.

a) $\frac{4}{12} = \frac{1}{3}$
b) $\frac{15}{21} = \frac{5}{7}$
c) $\frac{28}{42} = \frac{2}{3}$
d) $\frac{36}{48} = \frac{3}{4}$

e) $\frac{20}{20} = 1$
f) $\frac{26}{39} = \frac{2}{3}$
g) $\frac{45}{60} = \frac{3}{4}$
h) $\frac{60}{90} = \frac{2}{3}$

4 Ergänze die fehlenden Zähler bzw. Nenner.

a) $\frac{5}{6} = \frac{20}{24}$
b) $\frac{21}{27} = \frac{42}{54}$
c) $\frac{3}{33} = \frac{1}{11}$
d) $\frac{1}{5} = \frac{5}{25}$

5 Wurde hier richtig erweitert oder gekürzt? Schreibe „w" für wahr und „f" für falsch dahinter.

a) $\frac{2}{7} = \frac{14}{70}$ f
b) $\frac{5}{25} = \frac{1}{5}$ w
c) $\frac{4}{12} = \frac{1}{3}$ f
d) $\frac{1}{5} = \frac{20}{100}$ w

6 Prüfe, ob die beiden folgenden Lösungswege richtig sind. Welchen findest du am einfachsten? Begründe deine Entscheidung.

a) $\frac{84}{240} = \frac{42}{120} = \frac{21}{60} = \frac{7}{20}$
Richtig, kürzen durch 2 bzw. 3.

b) $\frac{84}{240} = \frac{14}{40} = \frac{7}{20}$
Richtig, kürzen durch 6 bzw. 2.

Bei a) wird zweimal durch 2 gekürzt, dann durch 3. Es ist leicht zu sehen, dass die Zahlen 84 und 240 bzw. 42 und 120 durch 2 teilbar sind. Bei b) benötigt man einen Rechenschritt weniger, wenn man erkennt, dass 84 und 240 jeweils durch 6 teilbar sind.

Anwenden und Vernetzen

7 Beim Schulfest sollen Lose an vier Ständen verkauft werden. Die Stände erhalten zwar unterschiedlich viele Lose, jedoch der Anteil der Gewinne soll jeweils $\frac{5}{12}$ betragen. Ergänze die Tabelle.

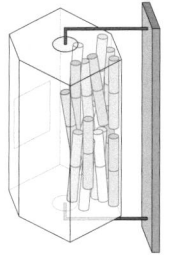

	Lose insgesamt	Gewinne	Anteil der Gewinne
Stand 1	84	35	$\frac{5}{12} = \frac{35}{84}$
Stand 2	108	45	$\frac{5}{12} = \frac{45}{108}$
Stand 3	120	50	$\frac{5}{12} = \frac{50}{120}$
Stand 4	252	105	$\frac{5}{12} = \frac{105}{252}$

8 Das Grundstück der Familie Manthey ist rechteckig. Es ist 25,0 m breit und 40,0 m lang. Die Grundfläche des Hauses ist 10,0 m breit und 12,5 m lang. Der Schuppen nimmt eine Fläche von 50 m² ein. Verschiedene gepflasterte Wege haben insgesamt eine Fläche von 100 m², der Rasen bedeckt etwa 575 m². Die restliche Fläche nutzen die Mantheys für Gemüse- und Blumenbeete.

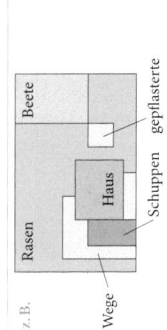

a) Zeichne maßstäblich, wie das Grundstück (von oben betrachtet) aussehen könnte. Hinweis: 1 cm soll 10 m entsprechen.

b) Berechne die Gesamtfläche des Grundstücks.

$A = 25 \text{ m} \cdot 40 \text{ m} = 1000 \text{ m}^2$

Das Grundstück ist 1000 m² groß.

c) Gib die Anteile an der Gesamtfläche des Grundstücks an. Kürze so weit wie möglich.

Haus: $\frac{125}{1000} = \frac{25}{200} = \frac{1}{8}$
Schuppen: $\frac{50}{1000} = \frac{1}{20}$
Wege: $\frac{100}{1000} = \frac{1}{10}$
Rasen: $\frac{575}{1000} = \frac{23}{40}$
Beete: $1000 - 125 - 50 - 100 - 575 = 150$; $\frac{150}{1000} = \frac{3}{20}$

Brüche – Vergleichen, Addieren und Subtrahieren

Brüche vergleichen und ordnen

▶ **Grundwissen**

Brüche vergleichen: Was ist mehr: $\frac{2}{3}$ oder $\frac{1}{2}$?

Zeichnerische Lösung (farbige Flächen):

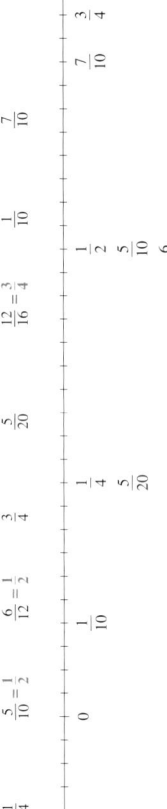

Rechnerische Lösung:

1. Erweitere oder kürze beide Brüche so, dass beide Brüche den gleichen Nenner haben. (Man sagt dann, die Brüche sind **gleichnamig**.)

$$\frac{2}{3} \overset{\cdot 2}{=} \frac{4}{6} \qquad \frac{1}{2} \overset{\cdot 3}{=} \frac{3}{6}$$

2. Entscheide nach dem Zähler, welcher Bruch größer ist.

$$\frac{4}{6} > \frac{3}{6}$$

Ergebnis: $\frac{2}{3} = \frac{4}{6} > \frac{3}{6} = \frac{1}{2}$

Was ist mehr: $\frac{4}{7}$ oder $\frac{2}{3}$? $\quad \frac{4}{7} = \frac{12}{21}$; $\frac{2}{3} = \frac{14}{21}$; $14 > 12$; Ergebnis: $\frac{2}{3} = \frac{14}{21} > \frac{12}{21} = \frac{4}{7}$

▶ **Auftrag:** Vergleiche die Brüche. Ermittle die Lösung rechnerisch.

Trainieren

1 Hier sind die Nenner gleich. Entscheide nach dem Zähler, welcher Bruch größer ist.

a) $\frac{7}{8} \square \frac{5}{8}$ \qquad b) $\frac{5}{3} \square \frac{4}{3}$ \qquad c) $\frac{9}{7} \square \frac{10}{7}$

d) $\frac{38}{10} \square \frac{37}{10}$ \qquad e) $\frac{41}{9} \square \frac{43}{9}$ \qquad f) $2\frac{3}{25} \square \frac{53}{25}$

2 Vergleiche die Brüche zeichnerisch. Wähle geeignete Rechtecke.

a) $\frac{2}{3}$ und $3\frac{3}{4}$

b) $\frac{3}{10}$ und $\frac{2}{5}$

$\frac{2}{3} \square \frac{8}{12} \square \frac{9}{12} \square \frac{3}{4}$

$\frac{3}{10} \square \frac{4}{10} \square \frac{2}{5}$

3 Vergleiche die Brüche rechnerisch.

a) $\frac{4}{7}$ und $\frac{5}{6}$ \qquad $\frac{4}{7} = \frac{24}{42}$; $\frac{5}{6} = \frac{35}{42}$; $24 < 35$; Ergebnis: $\frac{4}{7} = \frac{24}{42} < \frac{35}{42} = \frac{5}{6}$

b) $\frac{7}{15}$ und $\frac{11}{20}$ \qquad $\frac{7}{15} = \frac{28}{60}$; $\frac{11}{20} = \frac{33}{60}$; $28 < 33$; Ergebnis: $\frac{7}{15} = \frac{28}{60} < \frac{33}{60} = \frac{11}{20}$

c) $\frac{2}{3}$ und $\frac{4}{9}$ \qquad $\frac{2}{3} = \frac{18}{27}$; $\frac{4}{9} = \frac{12}{27}$; $18 > 12$; Ergebnis: $\frac{2}{3} = \frac{18}{27} > \frac{12}{27} = \frac{4}{9}$

d) $\frac{9}{11}$ und $\frac{5}{8}$ \qquad $\frac{9}{11} = \frac{72}{88}$; $\frac{5}{8} = \frac{55}{88}$; $72 > 55$; Ergebnis: $\frac{9}{11} = \frac{72}{88} > \frac{55}{88} = \frac{5}{8}$

---

4 Ordne den Brüchen ihre Stelle auf der Zahlengeraden zu. Kürze oder erweitere gegebenenfalls zuerst. Schreibe anschließend alle Brüche nach der Größe geordnet auf. Beginne mit der kleinsten Zahl.

$\frac{1}{4} \quad \frac{5}{10} = \frac{1}{2} \quad \frac{6}{12} = \frac{1}{2} \quad \frac{1}{10} \quad \frac{3}{4} \quad \frac{5}{20} \quad \frac{7}{10} \quad \frac{12}{16} = \frac{3}{4} \quad \frac{1}{10} \quad \frac{7}{10} \quad \frac{3}{4}$

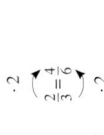

$0 \quad \frac{1}{10} \quad \frac{1}{4} = \frac{5}{20} \quad \frac{5}{10} = \frac{6}{12} \quad \frac{7}{10} \quad \frac{3}{4}$

$0 < \frac{1}{10} < \frac{1}{4} = \frac{5}{20} < \frac{5}{10} = \frac{6}{12} < \frac{7}{10} < \frac{3}{4}$

5 Erweitere die Brüche auf den Hauptnenner und ordne sie dann nach der Größe. Beginne mit dem kleinsten Bruch.

$\frac{2}{3}; \frac{3}{4}; \frac{5}{6}; \frac{1}{14}; \frac{11}{12}; \frac{3}{42}; \frac{15}{7}; \frac{13}{28}; \frac{1}{21}$

Hauptnenner: 84; erweiterte Brüche: $\frac{56}{84}; \frac{63}{84}; \frac{70}{84}; \frac{18}{84}; \frac{35}{84}; \frac{28}{84}; \frac{22}{84}; \frac{36}{84}; \frac{45}{84}; \frac{52}{84}$

$\frac{3}{14} < \frac{11}{42} < \frac{5}{21} < \frac{5}{12} < \frac{15}{7} < \frac{13}{28} < \frac{2}{3} < \frac{3}{4} < \frac{5}{6}$

6 Finde drei Brüche die gleich $\frac{4}{7}$ sind. (Beispiellösung)

$\frac{4}{7} = \frac{8}{14} = \frac{16}{28} = \frac{32}{56}$

Anwenden und Vernetzen

7 Beim Torwandschießen hat Maren bei 6 von 10 Versuchen getroffen. Felix hat bei 8 von 14 Versuchen getroffen. Wer war besser?

$\frac{6}{10} = \frac{42}{70}; \frac{8}{14} = \frac{40}{70}; 42 > 40; \frac{6}{10} = \frac{42}{70} > \frac{40}{70} = \frac{8}{14}$

Maren war beim Torwandschießen besser als Felix.

8 In welcher 6. Klasse ist der Anteil an Schülerinnen und Schülern, die in einem Sportverein Mitglied sind, am größten?

Klasse 6a: 24 Schüler; 12 Vereinsmitglieder \qquad Klasse 6b: 20 Schüler; 10 Vereinsmitglieder
Klasse 6c: 22 Schüler; 13 Vereinsmitglieder \qquad Klasse 6d: 18 Schüler; 9 Vereinsmitglieder

6a: $\frac{12}{24} = \frac{1}{2}$; 6b: $\frac{10}{20} = \frac{1}{2}$; 6c: $\frac{13}{22}$; 6d: $\frac{9}{18} = \frac{1}{2}$ \qquad $\frac{2}{3} = \frac{8}{12} < \frac{9}{12} = \frac{3}{4}$

6a, b und d: $\frac{1}{2} = \frac{11}{22}$; 6c: $\frac{13}{22}$; $11 < 13$; $\frac{1}{2} = \frac{11}{22} < \frac{13}{22}$

In der Klasse 6c ist der Anteil an Schülerinnen und Schülern, die in einem Sportverein sind, am größten.

9 Johanna hat auf dem Jahrmarkt 30 Lose gekauft. Sie hat vier Trostpreise gewonnen. Ihr Bruder Jeron hat 25 Lose gekauft und drei Trostpreise gewonnen. Wer hatte mehr Glück?

$\frac{4}{30} = \frac{20}{150}; \frac{3}{25} = \frac{18}{150}; 20 > 18; \frac{4}{30} = \frac{20}{150} > \frac{18}{150} = \frac{3}{25}$ \qquad $\frac{3}{10} < \frac{4}{10} = \frac{2}{5}$

Johanna hatte beim Loseziehen mehr Glück als ihr Bruder.

Paul hat bei 50 Losen 8 Trostpreise erzielt. War er der Beste von den Dreien?

Paul: $\frac{8}{50} = \frac{24}{150}$; Johanna: $\frac{4}{30} = \frac{20}{150} = \frac{4}{30}$ \qquad Paul hatte am meisten Glück.

Brüche addieren und subtrahieren

▶ Grundwissen

Addieren (Subtrahieren) von Brüchen mit gleichen Nennern
1. Brüche mit gleichen Nennern werden addiert, indem man die Zähler addiert.
   Brüche mit gleichen Nennern werden subtrahiert, indem man die Zähler subtrahiert.
2. Der Nenner bleibt jeweils unverändert.

Addieren (Subtrahieren) von Brüchen mit verschiedenen Nennern
1. Brüche gleichnamig machen, sodass sie den gleichen Nenner haben (erweitern).
2. Zähler addieren (subtrahieren).

$\frac{7}{8} + \frac{3}{8} = \frac{7+3}{8} = \frac{10}{8} = \frac{5}{4} = 1\frac{1}{4}$ $\frac{3}{5} + \frac{6}{7} = \frac{21}{35} + \frac{30}{35} = \frac{21+30}{35} = \frac{51}{35} = 1\frac{16}{35}$

▶ Auftrag: Löse die Aufgaben.

Trainieren

1 Addiere und subtrahiere. Kürze, wenn möglich, das Ergebnis.

a) $\frac{1}{3} + \frac{1}{3} = \frac{2}{3}$ b) $\frac{3}{8} + \frac{2}{8} = \frac{5}{8}$ c) $\frac{51}{60} - \frac{21}{60} = \frac{30}{60} = \frac{1}{2}$ d) $\frac{7}{9} - \frac{4}{9} = \frac{3}{9} = \frac{1}{3}$

e) $\frac{2}{3} + \frac{1}{3} = 1$ f) $\frac{12}{7} + \frac{2}{7} = 2$ g) $\frac{3}{12} + \frac{4}{12} = \frac{6}{12} = \frac{1}{2}$ h) $\frac{4}{18} - \frac{3}{18} = \frac{1}{18}$

2 Ergänze die Additionsmauern.

$\frac{33}{5}$		
$\frac{17}{5}$	$\frac{16}{5}$	
$\frac{8}{5}$	$\frac{9}{5}$	$\frac{7}{5}$
$\frac{3}{5}$	$\frac{5}{5}$	$\frac{4}{5}$	$\frac{3}{5}$
$\frac{1}{5}$	$\frac{2}{5}$	$\frac{3}{5}$	$\frac{1}{5}$	$\frac{2}{5}$

3 Schreibe jeweils Additionsaufgaben und Subtraktionsaufgaben zu den Figuren auf. Löse diese. Hinweis: Kontrolliere deine Ergebnisse durch Nachzählen der Kästchen.

a) b) c)

z. B. $\frac{6}{30} + \frac{12}{30} = \frac{18}{30} = \frac{3}{5}$ $\frac{1}{3} + \frac{3}{6} = \frac{2}{6} + \frac{3}{6} = \frac{5}{6}$ $\frac{3}{30} + \frac{8}{30} = \frac{11}{30}$

$\frac{30}{30} - \frac{6}{30} = \frac{24}{30}$ $\frac{1}{3} + \frac{3}{6} = \frac{4}{6} = \frac{2}{3}$ $\frac{30}{30} - \frac{8}{30} = \frac{22}{30} = \frac{11}{15}$

$\frac{12}{30} + \frac{12}{30} = \frac{24}{30} = \frac{4}{5}$ $\frac{24}{24} - \frac{4}{24} = \frac{20}{24} = \frac{5}{6}$ $\frac{30}{30} - \frac{3}{30} = \frac{27}{30} = \frac{9}{10}$

$\frac{30}{30} - \frac{12}{30} = \frac{18}{30} = \frac{3}{5}$ $\frac{4}{24} - \frac{4}{24} = \frac{3}{24} = \frac{1}{8}$ $\frac{8}{30} + \frac{11}{30} = \frac{19}{30}$

4 Rechne wie im Beispiel vorteilhaft.

a) $\frac{1}{5} + \frac{4}{7} + \frac{3}{5} = \frac{1+3}{5} + \frac{4}{7} = \frac{4}{5} + \frac{4}{7} = \frac{28+20}{35} = \frac{48}{35} = 1\frac{13}{35}$

b) $\frac{1}{3} + \frac{5}{4} + \frac{2}{3} = \frac{1+4}{3} - \frac{2}{3} = \frac{3}{3} = 1$ $\frac{25-6}{6} = \frac{19}{6} = 1\frac{5}{6}$

c) $\frac{7}{15} - \frac{5}{6} + \frac{8}{15} = \frac{7+8}{15} - \frac{5}{6} = 1 - \frac{5}{6} = \frac{6-5}{6} = \frac{1}{6}$

d) $\frac{9}{11} - \frac{1}{5} + \frac{2}{11} = \frac{9+2}{11} - \frac{1}{5} = \frac{11}{11} - \frac{1}{5} = 1 - \frac{1}{5} = \frac{5-1}{5} = \frac{4}{5}$

5 Wie groß ist die Differenz der folgenden Brüche zu 1?

a) $\frac{3}{5}$ $1 = \frac{5}{5}$; $\frac{5}{5} - \frac{3}{5} = \frac{2}{5}$ b) $\frac{4}{7}$ $1 = \frac{7}{7}$; $\frac{7}{7} - \frac{4}{7} = \frac{3}{7}$

c) $\frac{3}{16}$ $1 = \frac{16}{16}$; $\frac{16}{16} - \frac{3}{16} = \frac{13}{16}$ d) $\frac{11}{20}$ $1 = \frac{20}{20}$; $\frac{20}{20} - \frac{11}{20} = \frac{9}{20}$

e) $\frac{2}{25}$ $1 = \frac{25}{25}$; $\frac{25}{25} - \frac{2}{25} = \frac{23}{25}$ f) $\frac{60}{100}$ $1 = \frac{100}{100}$; $\frac{100}{100} - \frac{60}{100} = \frac{40}{100} = \frac{2}{5}$

g) $\frac{7}{11}$ $1 = \frac{11}{11}$; $\frac{11}{11} - \frac{7}{11} = \frac{4}{11}$ h) $\frac{35}{100}$ $1 = \frac{100}{100}$; $\frac{100}{100} - \frac{35}{100} = \frac{65}{100} = \frac{13}{20}$

6 Berechne.

a) $2\frac{1}{5} + 7\frac{4}{7} = 2 + \frac{1}{5} + 7 + \frac{4}{7} = 2 + 7 + \frac{1}{5} + \frac{4}{7} = (2+7) + (\frac{1}{5} + \frac{4}{7}) = 9 + \frac{7+20}{35} = 9\frac{27}{35}$

b) $11\frac{6}{7} - 7\frac{8}{21} = 11 + \frac{6}{7} - 7 - \frac{8}{21} = 11 - 7 + \frac{6}{7} - \frac{8}{21} = (11-7) + (\frac{6}{7} - \frac{8}{21}) = 4 + \frac{18-8}{21} = 4\frac{10}{21}$

c) $6\frac{1}{5} - 3\frac{5}{6} = 6 + \frac{1}{5} - 3 - \frac{5}{6} = 6 - 3 + \frac{1}{5} - \frac{5}{6} = (6-3) - (\frac{5}{6} - \frac{1}{5}) = 3 - \frac{25-6}{30} = 3 - \frac{19}{30} = 2\frac{11}{30}$

Anwenden und Vernetzen

7 Katja hat eine Tafel Schokolade in der Hand. Sie sagt zu Sandra: „Ich behalte $\frac{3}{5}$ der Schokolade, und du bekommst $\frac{3}{4}$." Was meinst du dazu?

z. B. $1 - \frac{3}{5} - \frac{3}{4} = \frac{20}{20} - \frac{12}{20} - \frac{15}{20} = \frac{-7}{20}$ = nicht lösbar

Wenn Katja $\frac{3}{5}$ der Schokolade behält, bleiben für Sandra nicht $\frac{3}{4}$ übrig.

8 Bringe die Waagen ins Gleichgewicht.

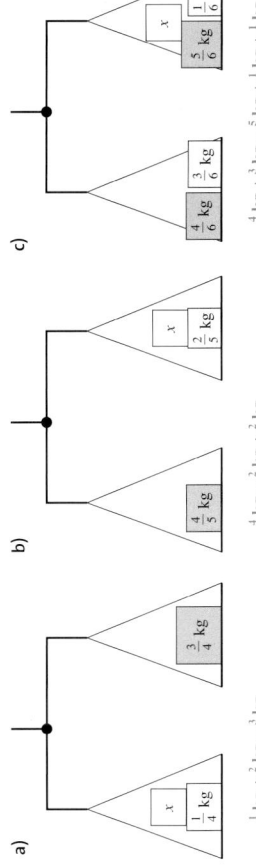

a) b) c)

$\frac{1}{4} + \frac{2}{4} \text{ kg} = \frac{3}{4} \text{ kg}$ $\frac{4}{5} \text{ kg} = \frac{2}{5} \text{ kg} + \frac{2}{5} \text{ kg}$ $\frac{4}{6} \text{ kg} + \frac{3}{6} \text{ kg} = \frac{5}{6} \text{ kg} + \frac{1}{6} \text{ kg} + \frac{1}{6} \text{ kg}$

$x = \frac{2}{4} \text{ kg}$ $x = \frac{2}{5} \text{ kg}$ $x = \frac{1}{6} \text{ kg}$

Winkel

Winkelarten, Winkel messen und zeichnen

▶ Grundwissen

Ein Winkel, dessen Größe zwischen 0° und 90° liegt, heißt **spitzer** Winkel.

Ein Winkel, dessen Größe zwischen 90° und 180° liegt, heißt **stumpfer Winkel**.

Ein Winkel, dessen Größe zwischen 180° und 360° liegt, heißt **überstumpfer Winkel**.

Ein Winkel, dessen Größe 90° beträgt, heißt **rechter Winkel**.

Ein Winkel, dessen Größe 180° beträgt, heißt **gestreckter Winkel**.

Ein Winkel, dessen Größe 360° beträgt, heißt **Vollwinkel**.

So kannst du Winkel mit dem **Geodreieck** zeichnen oder messen.

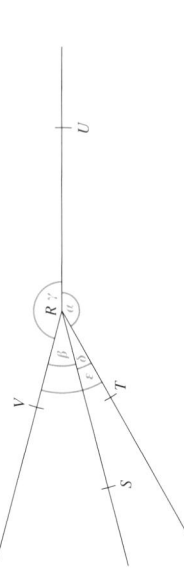

3. äußere Skala
2. Nullschenkel des Winkels liegt an der langen Kante des Geodreiecks
1. Nullpunkt des Geodreiecks liegt am Scheitelpunkt des Winkels

▶ Auftrag: Ergänze die Winkelbezeichnungen.

Trainieren

1 Ordne die folgenden Winkelgrößen den entsprechenden Winkelarten zu.

a) 165°   stumpfer Winkel   b) 321°   überstumpfer Winkel

c) 82°   spitzer Winkel   d) 197°   überstumpfer Winkel

2 Miss die markierten Winkel. Addiere zur Kontrolle die Winkelgrößen.

a) Summe der Winkelgrößen: 90°   b) Summe der Winkelgrößen: 180°

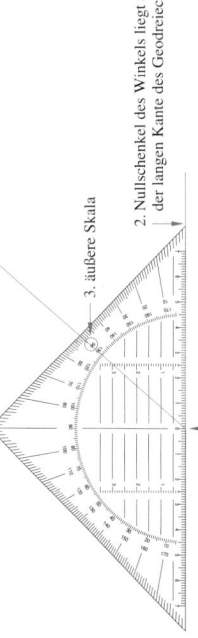

$\alpha = 10°$ $\beta = 23°$ $\alpha = 35°$ $\beta = 25°$ $\gamma = 50°$

$\gamma = 42°$ $\delta = 15°$ $\delta = 18°$ $\varepsilon = 52°$

$10° + 23° + 42° + 15° = 90°$ $35° + 25° + 50° + 18° + 52° = 180°$

3 Zeichne die Winkel α, β, γ, δ und ε ein.

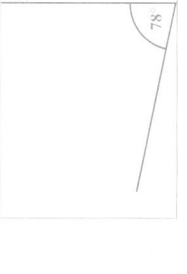

$\alpha = \sphericalangle TRU$
$\beta = \sphericalangle VRS$
$\gamma = \sphericalangle URV$
$\delta = \sphericalangle SRT$
$\varepsilon = \sphericalangle VRT$

4 Zeichne die Winkel, die der Minutenzeiger einer Uhr in der angegebenen Zeitspanne jeweils überstreicht. Gib die Größe des Winkels in Grad an.

a) 5 Minuten   b) 27 Minuten   c) 13 Minuten

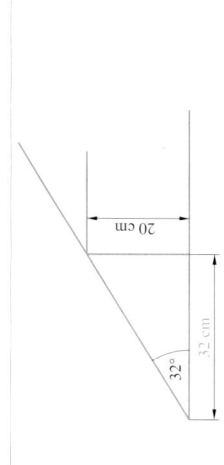

Anwenden und Vernetzen

5 Eine Treppe, deren Stufen 20 cm hoch sind und 1 m breit, soll mit einem Neigungswinkel von 32° gebaut werden. Bestimme mithilfe einer maßstäblichen Zeichnung die Stufentiefe.

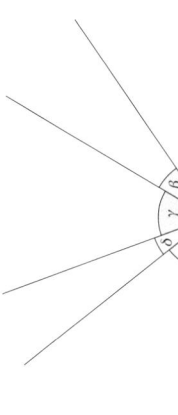

Die Stufen sind 32 cm tief.

6 Gib die Größe der Winkel zwischen den Himmelsrichtungen mit und gegen den Uhrzeigersinn an. Hinweis: N entspricht 0°.

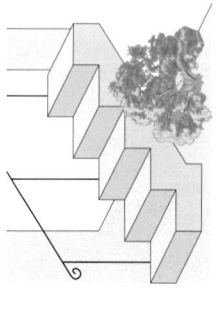

a) Norden und Osten

   90° bzw. 270°

b) Süden und Nordwesten

   135° bzw. 225°

c) Südwesten und Osten

   225° bzw. 135°

Winkel an Geradenkreuzungen

▶ Grundwissen

Schneiden sich zwei Geraden, so entstehen an der Geradenkreuzung vier Winkel.

Das Paar gegenüberliegender Winkel bezeichnet man
als __Scheitelwinkel__. Sie sind stets gleich groß.

Nebeneinanderliegende Winkel, die sich zu einem gestreckten Winkel ergänzen, nennt man __Nebenwinkel__. Sie ergänzen sich stets zu 180°.

Werden zwei parallele Geraden von einer Geraden geschnitten, so entstehen acht Winkel.

Die farbig markierten Winkel sind ein Paar __Stufenwinkel__. Sie sind stets gleich groß.

Die farbig markierten Winkel sind ein Paar __Wechselwinkel__. Sie sind stets gleich groß.

▶ Auftrag: Gib die richtigen Bezeichnungen für die Winkel an.

Trainieren

1 Errechne die Größen der fehlenden Winkel.

a) $\alpha = 30°$ $\beta = \underline{150°}$ $\gamma = \underline{30°}$ $\delta = \underline{150°}$

b) $\alpha = 115°$ $\beta = \underline{65°}$ $\gamma = \underline{115°}$ $\delta = \underline{65°}$

c) $\alpha = 57°$ $\beta = \underline{123°}$ $\gamma = \underline{57°}$ $\delta = \underline{123°}$

d) $\alpha = 158°$ $\beta = \underline{22°}$ $\gamma = \underline{158°}$ $\delta = \underline{22°}$

2

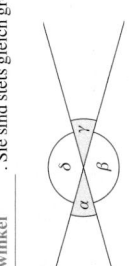

a) Errechne die fehlenden Größen der Winkel, denke an Neben-, Scheitel-, Wechsel- und Stufenwinkel.

$\alpha_1 = 47°$ $\beta_1 = \underline{133°}$ $\gamma_1 = \underline{47°}$ $\delta_1 = \underline{133°}$

$\alpha_2 = \underline{47°}$ $\beta_2 = \underline{133°}$ $\gamma_2 = \underline{47°}$ $\delta_2 = \underline{133°}$

$\alpha_3 = \underline{47°}$ $\beta_3 = \underline{133°}$ $\gamma_3 = \underline{47°}$ $\delta_3 = \underline{133°}$

$\alpha_4 = \underline{47°}$ $\beta_4 = \underline{133°}$ $\gamma_4 = \underline{47°}$ $\delta_4 = \underline{133°}$

b) Gib bei folgenden Winkelpaaren an, um welche Winkel es sich handelt:

δ_2 und β_2 sind __Scheitelwinkel__. γ_3 und α_3 sind __Scheitelwinkel__.

α_2 und α_4 sind __Stufenwinkel__. δ_2 und β_2 sind __Scheitelwinkel__.

γ_1 und α_3 sind __Wechselwinkel__. δ_2 und α_3 sind __Nebenwinkel__.

3 Bestimme die fehlenden Größen der Winkel.

a) $\alpha_1 = 80°$ $\beta_1 = \underline{100°}$ $\gamma_1 = \underline{80°}$ $\delta_2 = \underline{100°}$

b) $\alpha_2 = 163°$ $\beta_2 = \underline{17°}$ $\gamma_2 = \underline{163°}$ $\delta_1 = \underline{17°}$

c) $\alpha_1 = \underline{22°}$ $\beta_2 = \underline{158°}$ $\gamma_1 = \underline{22°}$ $\delta_2 = \underline{158°}$

d) $\alpha_2 = \underline{134°}$ $\beta_1 = \underline{46°}$ $\gamma_2 = \underline{134°}$ $\delta_1 = \underline{46°}$

4 Wie groß sind die markierten Winkel im Bild? Begründe.

a)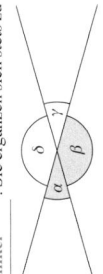

b)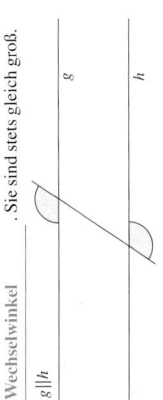

Anwenden und Vernetzen

5 Mike biegt mit seinem Rennrad von der Ebertstraße kommend rechts in den Nordring ein und fährt anschließend links in die Oststraße weiter bis zum Kino. Dort trifft er seine Freundin Berit und erzählt ihr stolz, dass er beide Kurven gleich scharf nehmen musste, um auf dem schmalen Radweg zu bleiben.
Berit denkt kurz nach und meint, dass das gar nicht sein könnte.
Wer von beiden hat Recht?

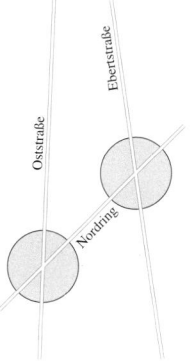

Antwort: __Berit hat recht, denn die Ebertstraße und die Oststraße sind nicht parallel zueinander und deswegen__
__sind beide Winkel keine gleich großen Stufenwinkel mehr und demzufolge nicht gleich groß.__

6 Cornelia findet in einer Zeitschrift folgende attraktive geometrische Figur und möchte sie nun mit der Schere ausschneiden, um sie an ihr Fenster zu kleben.
Wenn sie mit der Schere die erste Seite geschnitten hat, so muss sie die Schere zunächst um einen Winkel drehen, um die nächste Seite anzuschneiden. Bestimme diesen Winkel und den Innenwinkel der Figur.

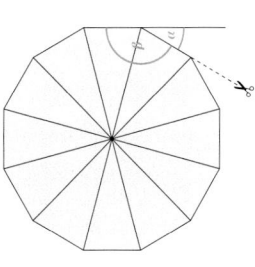

Um das Zwölfeck auszuschneiden, muss sie ihre Schere insgesamt 12 mal um 30° drehen, denn $12 \cdot 30° = 360°$.

Der Drehwinkel α und der Innenwinkel β ergeben zusammen als Nebenwinkel 180°.

Also hat der Innenwinkel des Zwölfecks eine Größe von $180° - 30° = 150°$.

Dezimalbrüche – Umwandeln, Addieren und Subtrahieren

Brüche, Dezimalbrüche und Prozentschreibweise

▶ Grundwissen

Zahlen in Kommaschreibweise werden **Dezimalbrüche** genannt.
Dezimalbrüche lassen sich in einer **erweiterten Stellenwerttafel** darstellen. Die Ziffern nach dem Komma sind von links nach rechts Zehntel (z), Hundertstel (h), Tausendstel (t) usw.
Dezimalbrüche sind Brüche in einer anderen Schreibweise.
Brüche mit dem Nenner Hundert kann man auch in **Prozentschreibweise** angeben. Das Zeichen % bedeutet „von hundert".
Dezimalbrüche lassen sich am **Zahlenstrahl** darstellen.

Prozent	1%	5%	10%	25%	50%	75%	100%
Bruch	$\frac{1}{100}$	$\frac{5}{100}$	$\frac{10}{100}$	$\frac{25}{100}$	$\frac{50}{100}$	$\frac{75}{100}$	$\frac{100}{100}$
Dezimalbruch	0,01	0,05	0,1	0,25	0,5	0,75	1

▶ Auftrag: Vervollständige die Tabelle.

Trainieren

1 Ergänze die Stellenwerttafel.

H	Z	E	,	z	h	t
	3	4	,	9		
				3,49		
	1	8	,	7	1	1
				18,711		
3	0	5	,	9		
				305,9		
				0,98		
				0,002		
	5	3	,	0	6	
				53,06		
		1	,	0	9	
				1,09		

2 Schreibe als Bruch und kürze soweit wie möglich.

a) $0{,}35 = \frac{35}{100} = \frac{7}{20}$

b) $0{,}06 = \frac{6}{100} = \frac{3}{50}$

c) $3{,}55 = \frac{355}{100} = \frac{71}{20}$

d) $0{,}125 = \frac{125}{1000} = \frac{1}{8}$

e) $1{,}7 = \frac{17}{10}$

3 Schreibe als Prozent.

a) $0{,}01 = 1\%$ b) $0{,}25 = 25\%$ c) $0{,}56 = 56\%$

d) $0{,}00025 = 0{,}025\%$ e) $1{,}25 = 125\%$ f) $2{,}35 = 235\%$

4 Gib die Anteile als Bruch mit dem Nenner 100 oder 1000 an. Schreibe anschließend als Dezimalbruch und in Prozentschreibweise.

a) $\frac{2}{5} = \frac{40}{100} = 0{,}4 = 40\%$ b) $\frac{7}{8} = \frac{875}{1000} = 0{,}875 = 87{,}5\%$ c) $\frac{3}{20} = \frac{15}{100} = 0{,}15 = 15\%$

d) $\frac{7}{40} = \frac{175}{1000} = 0{,}175 = 17{,}5\%$ e) $\frac{60}{240} = \frac{25}{100} = 0{,}25 = 25\%$ f) $\frac{14}{32} = \frac{375}{1000} = 0{,}375 = 37{,}5\%$

g) $\frac{60}{120} = \frac{50}{100} = 0{,}5 = 50\%$ h) $\frac{270}{360} = \frac{75}{100} = 0{,}75 = 75\%$ i) $\frac{12}{24} = \frac{50}{100} = 0{,}5 = 50\%$

5 Vergleiche mithilfe einer Zahlengeraden und rechnerisch.

a) $\frac{1}{5}$ und $\frac{1}{4}$ $\frac{1}{5} = \frac{4}{20} < \frac{5}{20} = \frac{1}{4}$

b) $\frac{7}{10}$ und $\frac{3}{5}$ $\frac{7}{10} > \frac{6}{10} = \frac{3}{5}$

6 Notiere die Dezimalbrüche, die zu den rot markierten Stellen gehören.

a) (Zahlenstrahl von 0 bis 0,4: 0,06; 0,1; 0,145; 0,2; 0,21; 0,295; 0,3; 0,37; 0,4)

b) (Zahlenstrahl von 0 bis 8: 0,6; 1,5; 2,9; 4,35; 5,05; 5,7; 6,4; 7,25)

7 Schreibe die Prozentangaben als Dezimalbruch und als gekürzten Bruch.

a) $75\% = 0{,}75 = \frac{75}{100} = \frac{3}{4}$ b) $50\% = 0{,}5 = \frac{50}{100} = \frac{1}{2}$

c) $2\% = 0{,}02 = \frac{2}{100} = \frac{1}{50}$ d) $96\% = 0{,}96 = \frac{96}{100} = \frac{24}{25}$

e) $18\% = 0{,}18 = \frac{18}{100} = \frac{9}{50}$ f) $125{,}5\% = 1{,}255 = \frac{1255}{1000} = \frac{251}{200}$

g) $24\% = 0{,}24 = \frac{24}{100} = \frac{6}{25}$ h) $360\% = 3{,}6 = \frac{360}{100} = \frac{18}{5}$

i) $14\% = 0{,}14 = \frac{14}{100} = \frac{7}{50}$ j) $480\% = 4{,}8 = \frac{480}{100} = \frac{24}{5}$

k) $25\% = 0{,}25 = \frac{25}{100} = \frac{1}{4}$ l) $30\% = 0{,}3 = \frac{30}{100} = \frac{3}{10}$

m) $1000\% = 10 = \frac{1000}{100} = \frac{10}{1}$ n) $750\% = 7{,}5 = \frac{750}{100} = \frac{75}{10}$

Anwenden und Vernetzen

8 Die Eltern verschiedener Klassen einer Schule wurden befragt, ob ihr Kind einen eigenen Fernseher besitzt.

Klasse	Anzahl der Schüler	davon Besitzer eines eigenen Fernsehers	Anteil	Dezimalbruch	Prozent
5c	25	2	$\frac{2}{25}$	0,08	8%
6a	32	4	$\frac{4}{32} = \frac{1}{8}$	0,125	12,5%
7b	28	7	$\frac{7}{28} = \frac{1}{4}$	0,25	25%
7c	25	5	$\frac{5}{25} = \frac{1}{5}$	0,2	20%
9a	32	12	$\frac{12}{32} = \frac{3}{8}$	0,375	37,5%
9c	30	6	$\frac{6}{30} = \frac{1}{5}$	0,2	20%
10b	25	4	$\frac{4}{25}$	0,16	16%

a) Vervollständige die Tabelle.

b) In welcher Klasse war der prozentuale Anteil der Kinder, die einen eigenen Fernseher besitzen, am höchsten und in welcher am niedrigsten?

In der Klasse 9a war der prozentuale Anteil am höchsten und in der Klasse 5c am niedrigsten.

Dezimalbrüche – Umwandeln, Addieren und Subtrahieren

Brüche und Dezimalbrüche ineinander umwandeln

▶ Grundwissen

$\frac{1}{2}$ bedeutet dasselbe, wie 1 : 2 = 0,5. Der Bruch $\frac{1}{2}$ ist gleich dem Dezimalbruch 0,5.

Für $\frac{1}{3} = 0{,}333\ldots$ schreibt man kurz $0{,}\overline{3}$. Man spricht: „Null Komma Drei Periode".

$\frac{1}{4}$ bedeutet dasselbe wie	1 : 4 = **0,25** . Der Bruch **$\frac{1}{4}$** ist gleich dem Dezimalbruch **0,25** .
$\frac{3}{4}$ bedeutet dasselbe wie	3 : 4 = **0,75** . Der Bruch **$\frac{3}{4}$** ist gleich dem Dezimalbruch **0,75** .
$\frac{4}{5}$ bedeutet dasselbe wie	4 : 5 = **0,8** . Der Bruch **$\frac{4}{5}$** ist gleich dem Dezimalbruch **0,8** .

▶ **Auftrag:** Ergänze den Text und markiere die Brüche auf dem Zahlenstrahl.

Trainieren

1 Wandle in Brüche um.

a) $0{,}3 = \frac{3}{10}$ b) $6{,}05 = \frac{605}{100} = \frac{121}{20} = 6\frac{1}{20}$ c) $0{,}09 = \frac{9}{100}$

d) $0{,}\overline{5} = \frac{5}{9}$ e) $0{,}\overline{17} = \frac{17}{99}$ f) $5{,}\overline{3} = 5\frac{1}{3} = \frac{16}{3}$

g) $0{,}06 = \frac{6}{100} = \frac{3}{50}$ h) $0{,}55 = \frac{55}{100} = \frac{11}{20}$ i) $2{,}6 = \frac{26}{10} = \frac{13}{5}$

j) $0{,}02 = \frac{2}{100} = \frac{1}{50}$ k) $0{,}\overline{9} = \frac{9}{9} = 1$ l) $0{,}\overline{2} = \frac{2}{9}$

2 Entscheide, welche Zahl größer ist.

a) $\frac{7}{8}$ > 0,8   b) 1,33 > $\frac{4}{3}$ c) $\frac{9}{7}$ < 1,29

d) 0,77 > $\frac{7}{10}$ e) 0,7 < $\frac{7}{9}$ f) $\frac{3}{25}$ < 0,13

g) 0,3 > $\frac{1}{4}$ h) 0,7 < $\frac{4}{5}$ i) 0,3 < $\frac{3}{9}$

j) $\frac{5}{30}$ > 0,16   k) $0{,}\overline{9}$ = 0,2 ... $\frac{3}{18}$ l) $\frac{4}{32}$ < 0,13

3 Verwandle die Brüche in Dezimalbrüche und stelle sie am Zahlenstrahl dar.
(TIPP: Fast immer hilft das Umwandeln in einen Zehnerbruch.)

a) $\frac{1}{2} = \frac{5}{10} = 0{,}5$ b) $\frac{1}{4} = \frac{25}{100} = 0{,}25$ c) $\frac{1}{5} = \frac{2}{10} = 0{,}2$ d) $\frac{1}{8} = \frac{125}{1000} = 0{,}125$

e) $\frac{3}{4} = \frac{75}{100} = 0{,}75$ f) $\frac{7}{5} = 1\frac{4}{10} = 1{,}4$ g) $\frac{8}{25} = \frac{32}{100} = 0{,}32$ h) $\frac{3}{2} = 1\frac{5}{10} = 1{,}5$

4 Entscheide.

		wahr	falsch
a)	Es gibt keine 3 Dezimalbrüche, die zwischen $\frac{1}{37}$ und $\frac{1}{38}$ liegen.	☐	☒
b)	Es gibt mehrere ganze Zahlen, die zwischen 20,45 und 27,65 liegen.	☒	☐
c)	Es gibt mehrere ganze Zahlen, die zwischen 0,12 und 0 liegen.	☐	☒
d)	Es gibt genau 5 ganze Zahlen zwischen $\frac{36}{11}$ und $\frac{45}{11}$.	☐	☒
e)	Es gibt genau 7 ganze Zahlen zwischen $4\frac{1}{3}$ und 8,45.	☒	☐

5 Gib die drei Zahlen A, B und C jeweils als Dezimalbruch und als Bruch an.

a)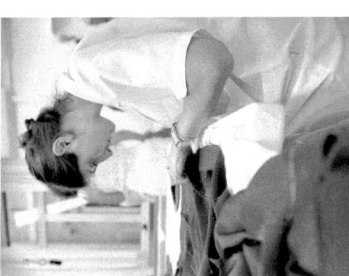

A:	0,5	$\frac{1}{2}$
B:	1,1	$\frac{11}{10}$
C:	1,6	$\frac{16}{10} = \frac{8}{5}$

b)

A:	1,056	$\frac{1056}{1000} = \frac{528}{500} = \frac{264}{250} = \frac{132}{125}$
B:	1,066	$\frac{1066}{1000} = \frac{533}{500}$
C:	1,073	$\frac{1073}{1000}$

c)

A:	0,052	$\frac{52}{1000} = \frac{26}{500} = \frac{13}{250}$
B:	0,063	$\frac{63}{1000}$
C:	0,0078	$\frac{78}{1000} = \frac{39}{500}$

Anwenden und Vernetzen

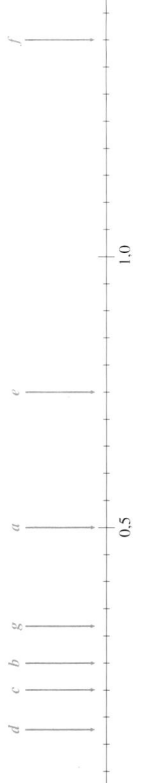

6 Daniel mischt ein erfrischendes Getränk in einer Glaskanne aus folgenden Zutaten:
$\frac{1}{2}$ l Grapefruitsaft, $\frac{1}{10}$ l Orangensaft und $\frac{1}{4}$ l Mineralwasser.
Wie viel Liter Mixgetränk sind in der Glaskanne? Gib das Ergebnis als Bruch und als Dezimalbruch an.

$\frac{1}{2} + \frac{1}{10} + \frac{1}{4} = \frac{5}{10} + \frac{1}{10} + \frac{5 \cdot 1}{5 \cdot 4} = \frac{6}{10} + \frac{3}{20} = \frac{3}{5} + \frac{3}{20} = \frac{12}{20} + \frac{5}{20} = \frac{12+5}{20} = \frac{17}{20} = \frac{85}{100} = 0{,}85$

In der Glaskanne befinden sich $\frac{17}{20}$ l Liter beziehungsweise 0,85 Liter.

7 Eine Schneiderin schneidet von einem 100 Meter langen Ballen $2\frac{1}{4}$ m, $3\frac{1}{2}$ m und $1\frac{3}{4}$ m Stoff ab.
Wie viel Meter Stoff wurden insgesamt als Dezimalbruch angegeben abgeschnitten?
Wie viel Meter Stoff bleiben am Ballen übrig.

$2\frac{1}{4} + 3\frac{1}{2} + 1\frac{3}{4} = \frac{9}{4} + \frac{7}{2} + \frac{7}{4} = \frac{9}{4} + \frac{14}{4} + \frac{7}{4} = \frac{9+14+7}{4} = \frac{30}{4} = 7\frac{2}{4} = 7\frac{1}{2} = 7{,}5$

$\frac{23+7}{4} + 7 = \frac{23+7}{4} = \frac{30}{4} = 7\frac{2}{4} = 7\frac{1}{2} = 7{,}5$

Es wurden insgesamt 7,5 Meter abgeschnitten.

Es bleiben 92,5 Meter übrig.

Dezimalbrüche vergleichen und runden

▶ Grundwissen

Dezimalbrüche vergleicht man stellenweise:
Zuerst vergleicht man die Ganzen. Sind die Ganzen gleich, vergleicht man die Zehntel.
Stimmen auch die Zehntel überein, vergleicht man die Hundertstel usw.

Um Zahlen zu runden, gehen wir so vor:
Ist die entscheidende Ziffer eine **0, 1, 2, 3 oder 4, dann runden wir ab.**
Ist die entscheidende Ziffer eine **5, 6, 7, 8 oder 9, dann runden wir auf.**

Beispiele: Runden auf …
Zehntel → Hundertstel ansehen $7{,}43 ≈ 7{,}4$
Hundertstel → Tausendstel ansehen $7{,}428 ≈ 7{,}43$

$16{,}594$ $16{,}594 ≈ 16{,}59$; $16{,}594 ≈ 16{,}6$

$39{,}145$ $39{,}145 ≈ 39{,}15$; $39{,}145 ≈ 39{,}1$

(Die entscheidende Ziffer ist hier blau gefärbt.)

▶ **Auftrag:** Runde die Zahlen jeweils auf Hundertstel und Zehntel.

Trainieren

1 Stellenwerttafel

a) Gib die Zahlen aus der Stellenwerttafel an.

$502{,}02$ und $1007{,}808$

T	H	Z	E	z	h	t	zt	ht
		5	0	2	0	2		
1	0	0	7	8	0	8		
1	5	7	8		0	0	2	5
				4	0	4	8	
			1	5	0	0	7	
			1	0	8	0	4	

b) Trage folgende Zahlen in die Stellenwerttafel ein.
$1578{,}0025$; $0{,}4048$; $1{,}500\,7000$; $1{,}0804$

c) Ordne die Zahlen aus Teilaufgabe **a** und **b** nach der Größe. Beginne mit dem kleinsten Wert.

$0{,}4048$; $1{,}0804$; $1{,}5007$; $502{,}02$; $1007{,}808$; $1578{,}0025$

2 Runde auf Zehntel.

a) $12{,}24 ≈ 12{,}2$ b) $39{,}85 ≈ 39{,}9$ c) $90{,}08 ≈ 90{,}1$
d) $19{,}033 ≈ 19{,}0$ e) $0{,}754 ≈ 0{,}8$ f) $10{,}005 ≈ 10{,}0$
g) $85{,}677 ≈ 85{,}7$ h) $42{,}119 ≈ 42{,}1$ i) $0{,}049 ≈ 0{,}0$

3 Runde auf Hundertstel.

a) $10{,}843 ≈ 10{,}84$ b) $26{,}791 ≈ 26{,}79$ c) $0{,}779 ≈ 0{,}78$
d) $69{,}815 ≈ 69{,}82$ e) $1{,}244 ≈ 1{,}24$ f) $49{,}505 ≈ 49{,}51$

4 Ordne die jeweiligen Preise den gewogenen Mengen derselben Sorte Käse zu.

$0{,}655$ kg $0{,}452$ kg $0{,}762$ kg $0{,}56$ kg $0{,}852$ kg $0{,}612$ kg

$17{,}51$ € $15{,}05$ € $19{,}58$ € $14{,}06$ € $10{,}39$ € $12{,}87$ €

5 Runde auf Tausendstel.

a) $1{,}7544 ≈ 1{,}754$ b) $12{,}0555 ≈ 12{,}056$ c) $70{,}1073 ≈ 70{,}107$
d) $0{,}4554 ≈ 0{,}455$ e) $28{,}5205 ≈ 28{,}521$ f) $31{,}7124 ≈ 31{,}712$
g) $54{,}8901 ≈ 54{,}890$ h) $9{,}0006 ≈ 9{,}001$ i) $28{,}5078 ≈ 28{,}508$
j) $59{,}999 ≈ 59{,}999$ k) $67{,}0999 ≈ 67{,}100$ l) $0{,}00096 ≈ 0{,}001$

6 Notiere die Zahlen, die zu den farbig markierten Stellen gehören.

a) 0 — 0,06 — 0,145 — 0,21 (Zahlenstrahl von 0 bis 0,3, markiert: 0,295)

b) 0 — 0,6 — 1,5 — 2,9 — 4,35 — 5,05 — 5,7 — 6,4 — 7,25 (Zahlenstrahl von 0 bis 7, markiert: 0,37)

7 Ordne die Dezimalbrüche jeweils der Größe nach. Beginne mit der kleinsten.

a) $0{,}452$; $0{,}99$; $0{,}254$; $0{,}945$; $0{,}989$; $0{,}53$
$\quad 0{,}254 < 0{,}452 < 0{,}53 < 0{,}945 < 0{,}989 < 0{,}99$

b) $5{,}83$; $5{,}413$; $5{,}9$; $5{,}42$; $5{,}417$; $5{,}839$
$\quad 5{,}413 < 5{,}417 < 5{,}42 < 5{,}83 < 5{,}839 < 5{,}9$

c) $0{,}777$; $7{,}07$; $0{,}007$; $7{,}007$; $7{,}7$; $0{,}707$
$\quad 0{,}007 < 0{,}707 < 0{,}777 < 7{,}007 < 7{,}07 < 7{,}7$

Anwenden und Vernetzen

8 Alex, Ugur, Uwe, Ali, Jan und Lars starteten bei einem Wettkampf beim 50-m-Lauf, beim Hochsprung und beim Weitsprung.

	50-m-Lauf	Hochsprung	Weitsprung
Alex	9,7 s	1,10 m	3,12 m
Ugur	11,7 s	1,15 m	3,29 m
Uwe	9,4 s	0,90 m	3,17 m
Ali	11,2 s	1,20 m	3,25 m
Jan	10,9 s	1,05 m	3,07 m
Lars	11,9 s	1,15 m	3,32 m

Ermittle für jede Disziplin, wer den ersten, zweiten bzw. dritten Platz belegte.

50-m-Lauf: 1. Uwe; 2. Alex; 3. Jan
Hochsprung: 1. Ali; 2. Ugur; 2. Lars
Weitsprung: 1. Lars; 2. Ugur; 3. Ali

9 Mario sagt: „Mein Meerschweinchen hat eine Körperlänge von rund 30 cm und wiegt rund 1,1 kg."

Welche Körperlänge hat Marios Meerschweinchen mindestens, welche höchstens? Gib die Körperlänge in cm auf eine Stelle nach dem Komma an.

Das Meerschweinchen ist mindestens 29,5 cm und höchstens 30,4 cm lang.

Dezimalbrüche addieren und subtrahieren

▶ Grundwissen

Dezimalbrüche addieren
1. Überschlage zuerst.
2. Schreibe die Zahlen stellengerecht untereinander.
   Einer unter Einer, Zehntel unter Zehntel,
   Hundertstel unter Hundertstel, …
3. Addiere schriftlich wie mit natürlichen Zahlen.
   Achte aber auf das Komma. Prüfe dein Ergebnis.

Dezimalbrüche subtrahieren
1. Überschlage zuerst.
2. Schreibe die Zahlen stellengerecht untereinander.
   Einer unter Einer, Zehntel unter Zehntel,
   Hundertstel unter Hundertstel, …
3. Subtrahiere schriftlich wie mit natürlichen
   Zahlen. Achte aber auf das Komma.
   Prüfe dein Ergebnis.

$5{,}2\,cm + 4{,}9\,cm = 10{,}1\,cm$

$9{,}8\,cm - 3{,}6\,cm = 6{,}2\,cm$

▶ Auftrag: Rechne im Kopf und überprüfe zeichnerisch.

Trainieren

1 Ordne mithilfe des Überschlags jeder Aufgabe ihr Ergebnis zu. Zeichne Pfeile ein.

| $45{,}6 + 454{,}89$ | $4{,}36 + 854{,}89 - 56{,}8 + 20{,}6$ | $564{,}3 + 54{,}859 - 560{,}806$ | $260{,}777 - 89{,}3 - 77{,}859$ |

| $823{,}05$ | $93{,}618$ | $500{,}49$ | $37{,}847$ | $58{,}353$ |

2 Überschlage zuerst. Rechne danach schriftlich.

a) $254{,}332 + 250{,}321$
z. B. $250 + 250 = 500$
```
  2 5 4, 3 3 2
+ 2 5 0, 3 2 1
  1         1
  5 0 4, 6 5 3
```

b) $496{,}576 + 78{,}504$
z. B. $500 + 80 = 580$
```
  4 9 6, 5 7 6
+   7 8, 5 0 4
    1 1 1
  5 7 5, 0 8 0
```

c) $1{,}857 + 99{,}98$
z. B. $2 + 100 = 102$
```
      1, 8 5 7
+ 9 9, 9 8 0
  1 1 1
1 0 1, 8 3 7
```

d) $350{,}444 - 305{,}999$
z. B. $350 - 300 = 50$
```
  3 5 0, 4 4 4
- 3 0 5, 9 9 9
    1 1 1
    4 4, 4 4 5
```

e) $278{,}37 - 28{,}792$
z. B. $280 - 30 = 250$
```
  2 7 8, 3 7 0
-   2 8, 7 9 2
    1 1 1
  2 4 9, 5 7 8
```

f) $476{,}57 - 76{,}576$
z. B. $480 - 80 = 400$
```
  4 7 6, 5 7 0
-   7 6, 5 7 6
    1 1 1 1
  3 9 9, 9 9 4
```

3 Berechne folgende Aufgaben schriftlich.

a) $73{,}41 + 232{,}45 + 0{,}63$
```
    7 3, 4 1
+ 2 3 2, 4 5
+     0, 6 3
    1 1
  3 0 6, 4 9
```

b) $974{,}36 - 123{,}45 - 0{,}63$
```
  9 7 4, 3 6
- 1 2 3, 4 5
-     0, 6 3
    1 1
  8 5 0, 2 8
```

Anwenden und Vernetzen

4 In einem Geschäft werden Preise neu ausgezeichnet.
a) Gib in der Tabelle die Veränderungen der Preise an.
b) Können vor und nach der Preisveränderung 500 g Butter, 2 l Milch und ein Päckchen Eier mit einem 5-€-Schein bezahlt werden?

Produkt	alter Preis	neuer Preis	Veränderung
250 g Butter	1,07 €	0,99 €	−0,08 €
Marmelade	1,67 €	1,49 €	−0,18 €
1 l Milch	1,07 €	0,85 €	−0,22 €
Päckchen Eier	1,27 €	1,29 €	+0,02 €

```
alter       2, 1 4      neuer      1, 9 8
Preis    + 2, 1 4       Preis   + 1, 7 0
         + 1, 2 7               + 1, 2 9
             1                      1 1
           5, 5 5                 4, 9 7
```

Vor der Preisveränderung reichte der 5-€-Schein nicht aus – danach erhält man noch 0,03 € zurück.

5 Thomas benötigt einen neuen Schlauch für sein Fahrrad.
Der Dynamo ist auch defekt. Er hat noch 19,00 €.
Bei Zweirad Huber in Neustadt kostet ein Schlauch
5,49 € und ein Dynamo 9,80 €.
Bei Radsport Müller in Altstadt kosten ein ähnlicher
Dynamo 8,99 € und ein Schlauch 5,95 €.
Wie viel Euro kann Thomas übrig behalten?

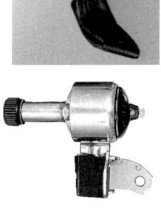

(a) alles bei Zweirad Huber gekauft
```
  5, 4 9
+ 9, 8 0
  1 1
1 5, 2 9
```

(b) alles bei Radsport Müller gekauft
```
  8, 9 9
+ 5, 9 5
  1 1
1 4, 9 4
```

(c) Schlauch bei Huber Dynamo bei Müller gekauft
```
  5, 4 9
+ 8, 9 9
  1 1
1 4, 4 8
```

(d) Dynamo bei Huber Schlauch bei Müller gekauft
```
  5, 9 5
+ 9, 8 0
  1 1
1 5, 7 5
```

Er behält 3,71 € in Fall (a), 4,06 € in Fall (b), 4,52 € in Fall (c) und 3,25 € in Fall (d) übrig.

Am günstigsten ist die Variante (c) (Wegzeiten nicht berücksichtigt)

Symmetrie

Punktsymmetrische Figuren

▶ Grundwissen

Eine Figur, die ihr Aussehen bei einer halben Drehung um einen Punkt nicht ändert, nennt man punktsymmetrisch. Der Punkt, um den die Figur gedreht wird, heißt Symmetriepunkt S.

Eine Punktspiegelung hat folgende Eigenschaften:
- Originalpunkt und Bildpunkt haben denselben Abstand zum Symmetriepunkt.
- Die Verbindungsstrecke von Originalpunkt und Bildpunkt verläuft durch den Symmetriepunkt.
- Liegt der Originalpunkt auf dem Symmetriepunkt, dann ist dieser gleichzeitig auch Bildpunkt.

Der Mittelpunkt ist der Schnittpunkt der Diagonalen der Karte.

▶ Auftrag: Gib den Mittelpunkt der Spielkarte an.

Trainieren

1 Welche der folgenden Spielkarten sind punktsymmetrisch? Zeichne in diesen Bildern den Mittelpunkt ein. Begründe gegebenenfalls, warum keine Punktsymmetrie vorliegt.

2 Ergänze zu punktsymmetrischen Figuren.

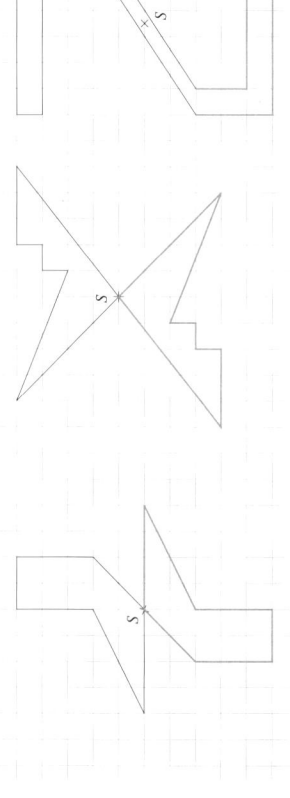

3 Vervollständige die halbe Spielkarte durch Punktspiegelung am Punkt S. Fällt dir etwas auf?

8 Karos statt 7 entstehen.

Die Karo 7 ist im Kartenspiel nicht punktsymmetrisch.

Anwenden und Vernetzen

4 Symmetrie bei Flächen

a) b) c) d)

e) f) g) h)

	punktsymmetrische Figur	achsensymmetrische Figur
a)	Ja	Ja
b)	Ja	Ja
c)	Ja	Ja
d)	Ja	Nein
e)	Nein	Ja
f)	Nein	Nein
g)	Ja	Ja
h)	Nein	Ja

Symmetrie

Drehsymmetrische Figuren

▶ Grundwissen

Kommt eine Figur bei einer Drehung um einen **Drehpunkt D** zur Deckung, so nennt man die Figur **drehsymmetrisch**. Dabei liegt der Drehwinkel α zwischen 0° und 360°.
Der Drehwinkel wird auch **Symmetriewinkel** genannt.

Die roten Linien verdeutlichen die zwei möglichen Drehungen und den Drehpunkt.

▶ Auftrag: Was geben die roten Linien an?

Trainieren

1 Die Bilder zeigen drehsymmetrische Figuren. Bestimme jeweils den Drehpunkt und den Symmetriewinkel.

Garten-Senfrauke Dreimasterblume Schneekristall
90° 120° 60°

2 Ergänze zu drehsymmetrischen Figuren.

z.B.

3 Welche der folgenden Flaggen sind drehsymmetrisch? Welche sind achsensymmetrisch?
Hinweis: Zeichne gegebenenfalls den Drehpunkt bzw. die Symmetrieachse ein.

Schweiz Schweden Jamaika
drehsymmetrisch und nicht drehsymmetrisch und drehsymmetrisch und
achsensymmetrisch achsensymmetrisch achsensymmetrisch

Bayern Südkorea Kanada
nicht drehsymmetrisch und nicht drehsymmetrisch und nicht drehsymmetrisch und
achsensymmetrisch achsensymmetrisch achsensymmetrisch

Anwenden und Vernetzen

4 Kann der linke Drachen so gedreht werden, dass er mit dem rechten Drachen zusammenfällt? Begründe deine Meinung.

Ja, es ist möglich.

Es muss nur der Drehpunkt *M* gefunden werden.

5 Auf einem Platz gibt es ein Karussell für kleine Kinder. Sophie hat festgestellt, dass eine Fahrt 90 s dauert und am Ende jeder Fahrt ein anderes Tier direkt neben der einzigen Kasse zu stehen kommt.
Zuerst war es das Lama, dann der Esel und nun der Tiger.
Ihr kleiner Bruder möchte unbedingt eine Runde auf dem Löwen sitzen.
Wie viele Minuten dauert es noch, bis er direkt an der Kasse auf den Löwen steigen kann?

$90 \text{ s} \cdot 3 = 270 \text{ s} = 4,5 \text{ min} = 4 \text{ min } 30 \text{ s}$

In 4,5 min bleibt der Löwe direkt neben der Kasse stehen.

Dezimalbrüche und Brüche – Multiplizieren und Dividieren

Dezimalbrüche multiplizieren

▶ **Grundwissen**

Aufgabe: 38,1 · 2,89

		3	8	,	1	·	2	,	8	9
			7	6	2					
		3	0	4	8					
	3	4	2	9						
		1	1							
1	1	0	,	1	0	9				

Überschlag: 40 · 3 = 120

38,1 → eine Stelle nach dem Komma

2,89 → zwei Stellen nach dem Komma

Das Ergebnis hat 1 + 2 = 3 Stellen nach dem Komma. Das Komma kann auch nach dem Überschlag gesetzt werden.

Aufgabe: 6,78 · 1,72

	6	,	7	8	·	1	,	7	2
		6	7	8					
	4	7	4	6					
1	3	5	6						
1	1	1	1						
1	1	,	6	6	1	6			

Überschlag: 7 · 2 = 14

6,78 → zwei Stellen nach dem Komma

1,72 → zwei Stellen nach dem Komma

Das Ergebnis hat 2 + 2 = 4 Stellen nach dem Komma

▶ Auftrag: Rechne die Aufgabe 6,78 · 1,72 schriftlich. Mache auch den Überschlag.

Trainieren

1 Berechne im Kopf.

a) 0,7 · 2 = 1,4   b) 1,4 · 4 = 5,6   c) 2,3 · 5 = 11,5   d) 5,4 · 2 = 10,8

e) 3 · 0,3 = 0,9   f) 6 · 1,5 = 9,0   g) 3 · 0,4 = 1,2   h) 4,2 · 5 = 21

i) 4 · 1,2 = 4,8   j) 1,3 · 7 = 9,1   k) 1,9 · 5 = 9,5   l) 6 · 0,9 = 5,4

2 Ordne mithilfe des Überschlags jeder Aufgabe ihr Ergebnis zu. Zeichne Pfeile ein.

9,3 · 87   19,3 · 7,859   19,02 · 7,87 · 2,5   89,3 · 60,72   2,003 · 77,5 · 30,24

151,6787   374,2185   4694,2308   5422,296   809,1

3 Rechne schriftlich. Überschlage das Ergebnis jeweils im Kopf.

a) Überschlag: b) Überschlag: c) Überschlag:

23 · 6 = 138   2 · 14 = 28   40 · 20 = 800

	2	3	,	4	·	6
	1	4	0	4		
	1					
	1	4	0	,	4	

	2	,	2	5	·	1	4
		2	2	5			
		9	0	0			
		1					
	3	1	,	5	0		

	3	6	,	8	9	·	2	1
		7	3	7	8			
	3	6	8	9				
		1	1					
	7	7	4	,	6	9		

4 Ein Sportverein veranstaltet jährlich einen „Eurolauf". Jeder Läufer bekommt 25 ct für jeweils 500 m, die zurückgelegt wurden.
Alle bemühen sich natürlich eine möglichst lange Strecke zurückzulegen.
Hier die Ergebnisse eines Teams:

Antje: 3,5 km
Sophia: 4,2 km
Nina: 3,8 km
Max: 5,7 km
Tim: 6,5 km
Peter: 5,6 km

a) Wie viel Euro bekommt das Team?

7 · 0,25 € + 8 · 0,25 € + 7 · 0,25 € + 11 · 0,25 € + 13 · 0,25 € + 11 · 0,25 € = 14,25 €

Das Team erhält 14,25 €.

b) Wie viel Euro würde das Team bekommen, wenn nicht für jeweils 500 m je Läufer, sondern für je 500 m des Teams 25 ct gezahlt werden würden?

Wenn die Teamkilometer gezählt werden,

bekommt das Team 14,50 €.

Das Team legte 29,3 km zurück. 29 · 2 = 58

	5	8	·	0	,	2	5
		1	1	6			
		2	9	0			
		1	4	,	5	0	

Anwenden und Vernetzen

5 Ole möchte seine Freunde zu Kuchen einladen. Er kauft 3 Stück Apfelkuchen zu je 1,05 € und 4 Stück Zuckerkuchen zu 0,95 €. Er rechnet im Kopf aus, dass alles zusammen 6,95 € kostet. Stimmt sein Ergebnis?
Schreibe zwei Lösungswege zur Berechnung des Gesamtpreises auf.

Das Ergebnis stimmt, denn: z.B.

1. 3 · 1,05 € + 4 · 0,95 € = 3,15 € + 3,80 € = 6,95 €

2. 7 · 1 € + 3 · 0,05 € - 4 · 0,05 € = 7 € + 0,15 € - 0,20 € = 6,95 €

6 Frau Schmidt möchte im Garten auf zwei Flächen Rasen neu säen.
Eine Rasenfläche soll ein Quadrat mit 3,70 m Seitenlänge sein. Die andere Rasenfläche bekommt die Form eines Rechtecks mit 5,40 m und 11,70 m langen Seiten.
Im Baumarkt hat sie die Wahl zwischen Tüten mit 1 kg Rasensamen für 19,99 €, die für ca. 50 m² reichen, und Tüten mit 500 g Rasensamen für 12,99 €, die für ca. 25 m² reichen.
Welche sollte Frau Schmidt kaufen? Begründe deine Entscheidung.

Rasenfläche 1:

	3	,	7	·	3	,	7
	1	1	1				
	2	5	9				
	1	3	,	6	9		

Rasenfläche 2:

	1	1	,	7	·	5	,	4
		5	8	5				
		4	6	8				
		1	1					
	6	3	,	1	8			

Gesamtfläche:

	1	3	,	6	9
+	6	3	,	1	8
				1	
	7	6	,	8	7

Wenn Frau Schmidt 4 Tüten zu je 12,99 € kauft, ist dies teurer als wenn sie 2 Tüten zu 19,99 € kauft.

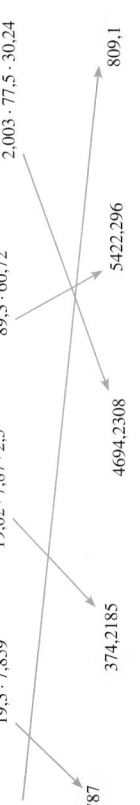

Dezimalbrüche dividieren

▶ Grundwissen

Aufgabe: 56,58 : 6,9

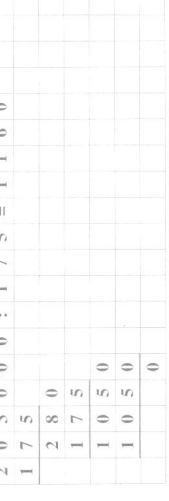

5	6	5,	8	:	6	9	=	8,	2
–	5	5	2						
		1	3	8					
	–	1	3	8					
				0					

Überschlag: 56 : 7 = 8

Komma nach rechts verschieben: 565,8 : 69
Das Komma wird gesetzt:
beim Überschreiten des Kommas in 565,8
oder
nach dem Überschlag.
Das Ergebnis 8,2 passt zum Überschlag.

Aufgabe: 49,98 : 5,1

	4	9	9,	8	:	5	1	=	9,	8
–	4	5	9							
		4	0	8						
	–	4	0	8						
				0						

Überschlag: 50 : 5 = 10

Komma nach rechts verschieben: 499,8 : 51
Das Ergebnis __9,8__ passt zum Überschlag.

▶ **Auftrag:** Rechne schriftlich. Mach zuvor den Überschlag.

Trainieren

1 Rechne im Kopf.

a) 3 : 0,2 = __15__   b) 1,8 : 2 = __0,9__   c) 6,3 : 0,7 = __9__

d) 3,6 : 2,0 = __1,8__   e) 2,5 : 2 = __1,25__   f) 10,4 : 4 = __2,6__

g) 0,4 : 0,2 = __2__   h) 3,6 : 3,0 = __1,2__   i) 12,9 : 3 = __4,3__

2 Ordne mithilfe des Überschlags jeder Aufgabe ihr Ergebnis zu. Zeichne Pfeile ein.

1,701 · 5,67   16,672 : 3,2   2,175 · 0,5   139,15 : 2,3   53,536 : 5,6   10,53 · 0,5

4,35   60,5   0,3   21,06   5,21   9,56

3 Entscheide ohne zu rechnen, welche Aufgaben das gleiche Ergebnis haben.
Ermittle danach die Ergebnisse.

a) 5,232 : 0,3 = __17,44__   b) 605 : 25 = __24,2__   c) 523,2 : 4 = __130,8__

d) 5,2 : 0,05 = __104__   e) 60,5 : 2,5 = __24,2__   f) 52,32 : 3 = __17,44__

g) 1210 : 50 = __24,2__   h) 5,20 : 5 = __1,04__   i) 52 : 50 = __1,04__

Die Ergebnisse von a und f sowie b, e und g sowie h und i liefern jeweils das gleiche Ergebnis.

4 Im Inneren des Berliner Fernsehturms führt für den Notfall eine Treppe von unten bis zur Aussichtsplattform in 203 m Höhe. Die Stufen der Treppe sind rund 17,5 cm hoch.

a) Berechne, wie viele Stufen diese Treppe hat.

2	0	3	0	0	0	:	1	7	5	=	1	1	6	0
1	7	5												
	2	8	0											
	1	7	5											
	1	0	5	0										
	1	0	5	0										
				0										

Die Treppe hat ca. 1200 Stufen.

b) Schätze, wie lange man – bei normalem Tempo – von der Aussichtsplattform bis nach unten läuft.

individuelle Lösung

Anwenden und Vernetzen

5 Eine Wand des Kinderzimmers soll neu tapeziert werden. Sie ist 2,40 m hoch und 4,10 m breit. Die Rollen der gewünschten Tapete sind jeweils 0,53 m breit und enthalten 10 m Tapete.
Wie viele Rollen Tapete sind zu kaufen?

4,1 : 0,53 ≈ 7,7   Es werden 8 Bahnen Tapete benötigt.

8 · 2,4 m = 19,2 m; 19,2 : 10 ≈ 1,9   Somit werden mindestens 2 Rollen Tapete benötigt, um die Wand zu tapezieren.

6 Verbinde Brüche, Dezimalbrüche und Bilder, die zusammengehören.

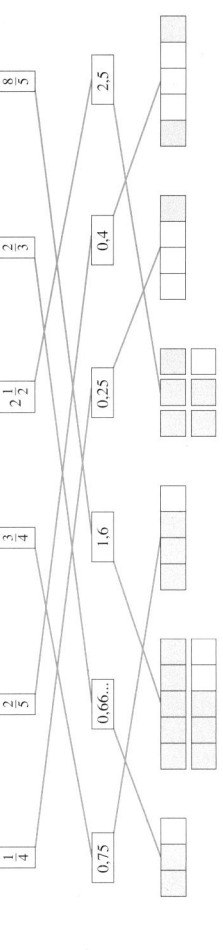

7 Umkreise Brüche, Dezimalbrüche und Bilder, die zusammengehören, mit der gleichen Farbe.

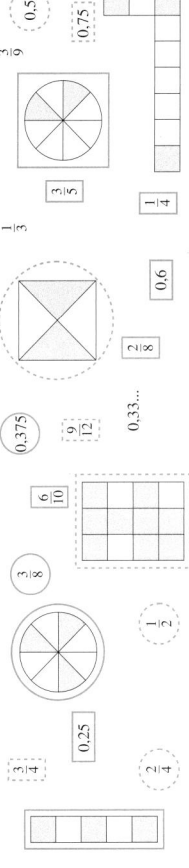

Brüche multiplizieren

▶ Grundwissen

Multiplikation eines Bruches mit einer natürlichen Zahl

Der Zähler des Bruches wird mit der natürlichen Zahl multipliziert.
Der Nenner des Bruches bleibt unverändert.
Die Faktoren können vertauscht werden.

$\frac{5}{12} \cdot 3 = \frac{5 \cdot 3}{12} = \frac{15}{12} = 5 \cdot \frac{1}{4} = 1\frac{1}{4}$

Brüche multiplizieren

Ein Bruch wird mit einem Bruch multipliziert, indem „Zähler mal Zähler" und „Nenner mal Nenner" gerechnet wird.
Die Faktoren können vertauscht werden.

$\frac{7}{10} \cdot \frac{1}{4} = \frac{7 \cdot 1}{10 \cdot 4} = \frac{7}{40}$

▶ **Auftrag:** Multipliziere. Kürze und gib das Ergebnis als gemischte Zahl an, wenn möglich.

Trainieren

1 Multipliziere.

a) $\frac{7}{15} \cdot 2 = \frac{14}{15}$
b) $\frac{7}{8} \cdot 5 = \frac{35}{8} (= 4\frac{3}{8})$
c) $\frac{9}{8} \cdot 5 = \frac{45}{8} (= 5\frac{5}{8})$

d) $\frac{2}{3} \cdot 11 = \frac{22}{3} (= 7\frac{1}{3})$
e) $3 \cdot \frac{2}{3} = 2$
f) $\frac{3}{5} \cdot 17 = \frac{51}{5} (= 10\frac{1}{5})$

g) $\frac{8}{15} \cdot 20 = \frac{160}{15} (= \frac{32}{3} = 10\frac{2}{3})$
h) $\frac{6}{21} \cdot 3 = \frac{18}{21} (= \frac{6}{7})$
i) $11 \cdot \frac{7}{121} = \frac{77}{121} (= \frac{7}{11})$

2 Finde Aufgaben, die zu den Zeichnungen passen und löse sie.

a) $\frac{3}{4} \cdot \frac{3}{2} = \frac{6}{12} = \frac{1}{2}$
b) $\frac{1}{3} \cdot \frac{3}{5} = \frac{3}{15} = \frac{1}{5}$
c) $\frac{2}{3} \cdot \frac{1}{2} = \frac{2}{6} = \frac{1}{3}$

3 Multipliziere. Kürze, wenn möglich.

a) $\frac{1}{2} \cdot \frac{1}{4} = \frac{1}{8}$
b) $\frac{2}{3} \cdot \frac{4}{5} = \frac{8}{15}$
c) $\frac{4}{7} \cdot \frac{14}{8} = \frac{56}{56} = 1$

d) $\frac{3}{9} \cdot \frac{8}{12} = \frac{24}{108} = \frac{2}{9}$
e) $\frac{11}{15} \cdot \frac{5}{7} = \frac{55}{105} = \frac{11}{21}$
f) $\frac{15}{18} \cdot \frac{9}{3} = \frac{135}{54} (= 2\frac{27}{54} = 2\frac{1}{2})$

4 Berechne folgende Anteile.

a) $\frac{1}{2}$ von $\frac{3}{4}$ l: $\frac{3}{8}$ l
b) $\frac{2}{5}$ von $\frac{3}{4}$ kg: $\frac{3}{10}$ kg
c) $\frac{2}{3}$ von $\frac{4}{5}$ h: $\frac{8}{15}$ h

d) $\frac{1}{3}$ von $\frac{7}{8}$ m: $\frac{7}{24}$ m
e) $\frac{1}{4}$ von $\frac{1}{4}$ kg: $\frac{1}{16}$ kg
f) $\frac{1}{8}$ von $\frac{8}{9}$ l: $\frac{1}{9}$ l

5 Ergänze jeweils den fehlenden Zähler und Nenner.

a) $\frac{2}{5} \cdot \frac{2}{3} = \frac{4}{15}$
b) $\frac{3}{2} \cdot \frac{3}{7} = \frac{9}{14}$
c) $\frac{7}{8} \cdot \frac{3}{10} = \frac{21}{80}$

d) $\frac{4}{5} \cdot \frac{4}{5} = \frac{16}{25}$
e) $\frac{4}{9} \cdot \frac{1}{3} = \frac{4}{27}$
f) $\frac{3}{8} \cdot \frac{1}{2} = \frac{3}{16}$

6 Finde jeweils drei Multiplikationsaufgaben mit Brüchen mit dem Ergebnis …

a) $\frac{1}{5}$
z.B. $\frac{1}{2} \cdot \frac{2}{5} = \frac{2}{10} = \frac{1}{5}$; $\frac{1}{5} \cdot \frac{7}{7} = \frac{7}{35}$; $\frac{3}{5} \cdot \frac{1}{3} = \frac{3}{15}$; $\frac{6}{30} = \frac{1}{5}$

b) $\frac{9}{10}$
z.B. $\frac{1}{2} \cdot \frac{9}{5} = \frac{9}{10}$; $\frac{3}{2} \cdot \frac{3}{5} = \frac{9}{10}$; $\frac{9}{7} \cdot \frac{7}{10} = \frac{63}{70}$; $\frac{126}{140} = \frac{9}{10}$

c) $\frac{4}{7}$
z.B. $\frac{1}{2} \cdot \frac{8}{7} = \frac{8}{14} = \frac{4}{7}$; $\frac{4}{3} \cdot \frac{3}{7} = \frac{12}{21} = \frac{4}{7}$; $\frac{4}{7} \cdot \frac{4}{4} = \frac{16}{28} = \frac{4}{7}$

d) $\frac{5}{2}$
z.B. $\frac{5}{3} \cdot \frac{3}{2} = \frac{15}{6} = \frac{5}{2}$; $\frac{5}{1} \cdot \frac{1}{2} = \frac{35}{14} = \frac{5}{2}$; $\frac{3}{2} \cdot \frac{25}{10} = \frac{75}{30} = \frac{5}{2}$

Anwenden und Vernetzen

7 Die Erde ist zu rund $\frac{2}{3}$ mit Wasser bedeckt.
Die Hälfte davon nimmt der Pazifische Ozean ein.
Der Atlantische Ozean bedeckt drei Zehntel und der Indische Ozean ein Fünftel der Wasserfläche.
Bestimme die jeweiligen Anteile der Ozeane an der gesamten Erdoberfläche.

Der Pazifische Ozean bedeckt $\frac{1}{3}$, denn $\frac{2}{3} \cdot \frac{1}{2} = \frac{2}{6} = \frac{1}{3}$;

der Atlantische Ozean $\frac{1}{5}$, den $\frac{3}{10} \cdot \frac{2}{3} = \frac{6}{30} = \frac{1}{5}$ und

der Indische Ozean $\frac{2}{15}$ der Erdoberfläche, denn $\frac{2}{3} \cdot \frac{1}{5} = \frac{2}{15}$.

8 Bestimme jeweils das Ergebnis mithilfe einer Rechnung.

a) Wie viele Minuten sind $\frac{7}{12}$ Stunden? $\frac{1}{12}$ h = 5 min   7 · 5 min = 35 min   Es sind 35 min.

b) Eine Klasse hat 32 Schüler. $\frac{3}{8}$ davon sind Mädchen. Wie viele sind das? $\frac{32 \cdot 3}{8} = \frac{96}{8} = 12$ 12 Mädchen sind in der Klasse.

c) Ein Mikroskop vergrößert mit dem Faktor 200. Wie groß erscheint ein Objekt mit $\frac{1}{100}$ mm Länge? $200 \cdot \frac{1}{100}$ mm = 2 mm   Es erscheint 2 mm groß.

9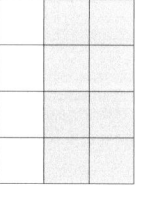

Ein Winzer überlegt, wie viel Liter Wein er noch hat. Er weiß, dass im Weinkeller 720 Flaschen sind. $\frac{3}{4}$ der Flaschen enthalten $\frac{7}{10}$ l Wein. Der Rest der Flaschen enthält $\frac{1}{4}$ l Wein.

$720 \cdot \frac{3}{4} \cdot \frac{7}{10}$ l $+ 720 \cdot \frac{1}{4} \cdot \frac{3}{4}$ l

$= 378$ l $+ 135$ l $= 513$ l

Er besitzt noch 513 l Wein.

10 Kevins Eltern wollen ihre 3 m breite und 4 m lange rechteckige Terrasse mit Platten auslegen. Nur Platten, die am Rand liegen, sollen notfalls zugeschnitten werden. Jede der Platten ist $\frac{2}{5}$ m breit und $\frac{3}{5}$ m lang. Berechne den Flächeninhalt einer Platte.

$\frac{2}{5}$ m $\cdot \frac{3}{5}$ m $= \frac{6}{25}$ m²

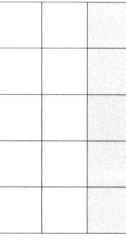

Brüche dividieren

▶ Grundwissen

Man **dividiert durch** einen **Bruch**, indem man mit seinem Kehrwert multipliziert.
Den **Kehrwert (Kehrbruch)** eines Bruches bildet man, indem man Zähler und Nenner tauscht.
Hinweis: Ganze Zahlen können als Bruch mit dem Nenner 1 geschrieben werden.

$\frac{4}{3} : \frac{5}{7} = \frac{4 \cdot 7}{3 \cdot 5} = \frac{28}{15} = 1\frac{13}{15}$

$\frac{4}{3} : 2 = \frac{4 \cdot 1}{3 \cdot 2} = \frac{4}{6} = \frac{2}{3}$

▶ Auftrag: Ergänze die Beispiele.

Trainieren

1 Löse die Aufgaben zeichnerisch und schreibe die zugehörige Rechnung dazu.

a) $\frac{1}{5} : 2$

Rechnung: $\frac{1}{5} : 2 = \frac{1}{5 \cdot 2} = \frac{1}{10}$

b) $\frac{4}{7} : 3$

Rechnung: $\frac{4}{7} : 3 = \frac{4}{7 \cdot 3} = \frac{4}{21}$

2 Bestimme die Kehrwerte der entsprechenden Brüche.

a) Kehrwert von $\frac{7}{15} = \frac{15}{7}$ b) Kehrwert von $\frac{7}{8}$: $\frac{8}{7}$ c) Kehrwert von $1\frac{1}{3}$: $\frac{3}{4}$

d) Kehrwert von 11: $\frac{1}{11}$ e) Kehrwert von 3: $\frac{1}{3}$ f) Kehrwert von $\frac{1}{4}$: 4

3 Berechne folgende Terme und kürze wenn möglich vor dem Dividieren.

a) $\frac{3}{4} : 3 = \frac{\cancel{3}^1 \cdot 1}{4 \cdot \cancel{3}_1} = \frac{1}{4}$ b) $\frac{8}{7} : 2 = \frac{8}{7 \cdot 2} = \frac{4}{7}$ c) $\frac{16}{15} : 4 = \frac{16}{15 \cdot 4} = \frac{4}{15}$

d) $\frac{21}{17} : 12 = \frac{21}{17 \cdot 12} = \frac{7}{68}$ e) $\frac{24}{16} : 12 = \frac{24}{16 \cdot 12} = \frac{1}{8}$ f) $\frac{121}{169} : 11 = \frac{121}{169 \cdot 11} = \frac{11}{169}$

g) $\frac{169}{54} : 13 = \frac{169}{54 \cdot 13} = \frac{13}{54}$ h) $\frac{221}{24} : 17 = \frac{221}{24 \cdot 17} = \frac{13}{24}$ i) $\frac{225}{14} : 15 = \frac{225}{14 \cdot 15} = \frac{15}{14}$

4 Berechne möglichst im Kopf.

a) $8 : \frac{1}{2} = 16$ b) $9 : \frac{1}{3} = 27$ c) $16 : \frac{1}{4} = 64$

d) $\frac{2}{7} : 2 = \frac{1}{7}$ e) $\frac{3}{10} : 20 = \frac{3}{200}$ f) $\frac{12}{17} : 2 = \frac{6}{17}$

g) $\frac{5}{6} : \frac{2}{3} = \frac{5}{4} = 1\frac{1}{4}$ h) $\frac{1}{36} : \frac{3}{42} = \frac{7}{18}$ i) $\frac{14}{27} : \frac{7}{54} = 4$

5 Dividiere. Kürze, wenn möglich.

a) $\frac{1}{2} : \frac{1}{2} = 1$ b) $\frac{3}{4} : \frac{1}{4} = 3$

c) $\frac{6}{5} : \frac{2}{3} = \frac{9}{5} = 1\frac{4}{5}$ d) $\frac{8}{9} : \frac{2}{3} = \frac{4}{3}$

e) $\frac{16}{12} : \frac{4}{3} = 1$ f) $\frac{32}{12} : \frac{16}{24} = 4$

g) $\frac{21}{17} : 7 = \frac{3}{17}$ h) $\frac{24}{16} : 12 = \frac{1}{8}$

i) $\frac{121}{169} : 11 = \frac{11}{169}$ j) $7 : \frac{2}{4} = 14$

6 Ergänze.

Dividend		$\frac{4}{5}$	4	$\frac{9}{4}$
Divisor		4	$\frac{1}{2}$	$\frac{3}{2}$
Ergebnis der Division		$\frac{1}{5}$	3	$\frac{3}{2} = 1\frac{1}{2}$

7 Schreibe die Aufgabe als Divisionsaufgabe. Gib das Ergebnis an.

a) $\frac{4}{5} \cdot \frac{4}{3} = \frac{4}{5} : \frac{3}{4} = \frac{16}{15} = 1\frac{1}{15}$ b) $\frac{7}{8} \cdot \frac{2}{5} = \frac{7}{8} : \frac{5}{2} = \frac{7}{20}$ c) $21 \cdot \frac{7}{9} = 21 : \frac{9}{7} = \frac{49}{3} = 16\frac{1}{3}$

d) $\frac{45}{7} \cdot \frac{2}{21} = \frac{45}{7} : \frac{21}{2} = \frac{30}{49}$ e) $6 \cdot 8 = 6 : \frac{1}{8} = 48$ f) $\frac{66}{77} \cdot \frac{33}{11} = \frac{66}{77} : \frac{11}{33} = \frac{18}{7} = 2\frac{4}{7}$

8 Ergänze.

a) $28 : \boxed{4} = 7$ b) $\frac{16}{11} : \boxed{4} = \frac{4}{11}$ c) $\frac{1}{2} : \boxed{\frac{5}{2}} = \frac{1}{5}$

d) $\frac{3}{7} : 7 = \frac{3}{49}$ e) $\boxed{5} : \frac{5}{6} = 6$ f) $5 : \boxed{1\frac{1}{4}} = 4$

Anwenden und Vernetzen

9 Rudi möchte sein quadratisches Zimmer mit der Länge von $\frac{63}{10}$ Meter mit Fliesen auslegen, ohne Fliesen schneiden zu müssen.

a) Hilf ihm bei der Auswahl im Heimwerkermarkt.

Fliese A: 15 cm   Fliese B: 13 cm   Fliese C: 18 cm

Nebenrechnung:
$\frac{6300}{10 \cdot 15} = 42$
$\frac{6300}{10 \cdot 13} = 48{,}46$ $\frac{6300}{10 \cdot 18} = 35$

Antwort: Rudi kann zwischen den Fliesen mit 15 cm und 18 cm wählen.

b) Welche Auswahl trifft Rudi, wenn er möglichst wenig Fliesen verlegen möchte?

Antwort: Er entscheidet sich für die größeren Fliesen, da er nur 35 Fliesen benötigt.

10 Eine Flasche enthält $\frac{3}{4}$ Liter Limonade.
Es werden 4 Gläser gefüllt und danach ist die Flasche leer.
Wie viel Liter passen in jedes Glas?

Antwort: In jedes Glas passen $\frac{3}{16}$ Liter Limonade.

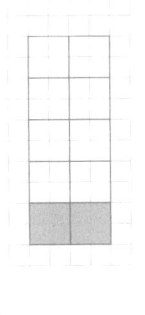
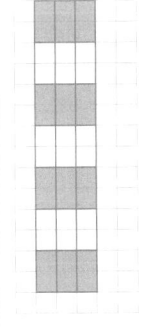
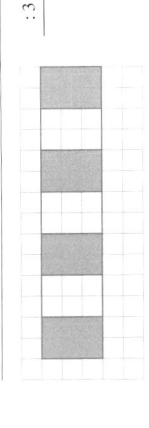

Körper

Körperformen erkennen und beschreiben

▶ Grundwissen

Körper werden von **Flächen** begrenzt. Wir unterscheiden dabei Grundfläche, Deckfläche und Seitenflächen. Dort, wo zwei Flächen zusammenstoßen, entstehen **Kanten**. Treffen mindestens drei Kanten aufeinander, entstehen **Ecken**.
Ein **Quader** wird durch sechs rechteckige Flächen begrenzt.
Ein **Würfel** ist ein spezieller Quader. Er wird durch sechs quadratische Flächen begrenzt.

a) Quader b) Pyramide c)
d) Zylinder e) Kegel f)

▶ Auftrag: Wie heißen die Körperformen?

a) Quader b) Pyramide c)
d) Zylinder e) Kegel f)

Trainieren

1 Benenne die Körper einiger Verpackungen.

Spagetti: Quader
Schokolinsen: Zylinder
Pfefferminzte: Würfel

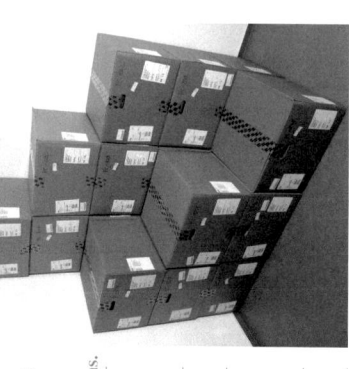

2 Ergänze in der Tabelle die fehlenden Angaben. Was stellst du fest?

	Würfel	Quader
Anzahl Kanten	12	12
Anzahl Seitenflächen	6	6
Anzahl Ecken	8	8

Würfel und Quader haben gleich viele Kanten, Seitenflächen und Ecken.

3 Aus welchen Grundkörpern bestehen die folgenden Figuren?

a) Kegel, Kugel b) Pyramide, Kugel c) Pyramide, Quader d) Quader, Zylinder

Körperformen erkennen und beschreiben

4 Wo erkennst du jeweils einen Kegel, eine Kugel oder eine Pyramide? Wie viele Ecken und Kanten hat der von dir erkannte Körper jeweils?

a)

Es ist ein Kegel mit
1 Ecke und 1 Kante.

b)

Das Dach ist eine Pyramide
mit 5 Ecken und 8 Kanten.

c)

Es ist eine Kugel. Sie hat keine
Ecken und keine Kanten.

d)

Es ist kein Kegel, keine
Pyramide oder Kugel.

e)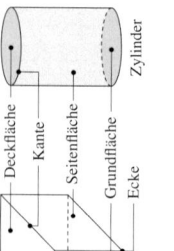

Es ist eine Pyramide mit
4 Ecken und 6 Kanten.

f)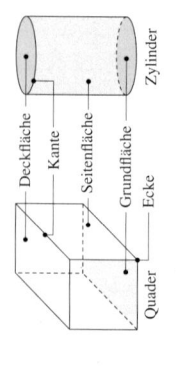

Es ist ein Kegel mit 1 Ecke
und 1 Kante.

Anwenden und Vernetzen

5 In einem Warenlager werden gleich große Kartons möglichst dicht gestapelt.

a) Wie viele andere Kartons werden durch einen Karton in der Mitte des Lagers berührt?

Ein Karton berührt bei einer dichten Stapelung 6 andere Kartons.

b) Welche Seitenflächen der Kartons berühren sich gegenseitig?

Die linke und rechte Fläche, die obere und untere und die
vordere und hintere Fläche zweier Kartons berühren sich.

c) Was bewirkt beim Stapeln die Parallelität der Flächen?

Sie bewirkt, dass die Kartons ohne leeren Zwischenraum
gestapelt werden können.

6 Du sollst zum Kaffee Würfelzucker einkaufen. Dieser ist in einer quaderartigen Verpackung mit den Maßen: Länge 10 cm, Breite 5 cm, Höhe 5 cm verpackt.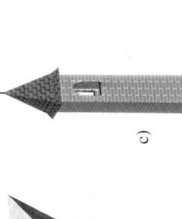

a) Wie viel Stückchen Zucker sind in der Verpackung, wenn fünf Schichten Würfelzucker übereinander passen?

$5 \cdot 5 \cdot 10 = 250$ Der Karton enthält 250 Stücke Würfelzucker.

b) Es werden pro Tag fünf Würfelzucker verbraucht. Wie lange reicht der Karton?

$250 : 5 = 50$ Die Packung hält 50 Tage lang.

c) Wie viele Stücke Zucker wären in der Verpackung, wenn der Zucker nicht aus Würfeln sondern aus Quadern bestünde? Ein Quader soll so groß wie zwei Würfel sein.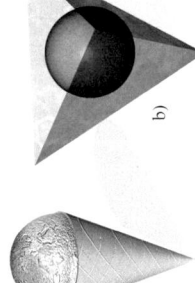

In die Packung passen insgesamt 125 Quader der angegebenen Größe.

Körper

Schrägbilder zeichnen

▶ Grundwissen

Ein **Schrägbild** vermittelt einen guten räumlichen Eindruck von einem Körper.
Das Schrägbild eines Quaders kann nach den folgenden Regeln gezeichnet werden:
1. **Vorderseite** zeichnen (in Originalgröße).
2. Hilfslinien für die **schrägen Kanten** im Winkel von 45° anzeichnen.
3. Auf den Hilfslinien die schrägen Kanten abtragen: **halb so lang** wie im Original. Verdeckte Kanten mit Strichlinien zeichnen.
4. Nun die **Rückseite** zeichnen. Verdeckte Kanten wieder gestrichelt zeichnen. Hilfslinien wegradieren.

▶ Auftrag: Zeichne das Schrägbild eines Würfels mit der Kantenlänge $a = 2\,\text{cm}$.

Trainieren

1 Färbe bei der Vorderseite des Würfels und des Quaders jeweils die Kanten rot, die Flächen gelb und die Eckpunkte blau.

2 Markiere

a) zwei zueinander parallele Kanten.

b) zwei zueinander senkrechte Kanten.

3 Was ist falsch an folgenden Schrägbildern von Würfeln? Kennzeichne die „falschen" Kanten farbig.

a) richtig

b) Gestrichelte Kanten sind falsch gewählt.

c) Kanten nach hinten sind nicht verkürzt.

d) Kanten nach hinten nicht mit 45° angetragen.

4 Vervollständige den Körper. Welcher Körper ist zu sehen?

Antwort: Es handelt sich um einen Quader.

5 Vervollständige den Körper. Welcher Körper ist zu sehen?

Antwort: Es handelt sich um einen Würfel.

6 Zeichne die Schrägbilder der folgenden Quader

a) 5 cm lang, 4 cm breit, 3 cm hoch

b) 3 cm lang, 3 cm breit, 3 cm hoch

Anwenden und Vernetzen

7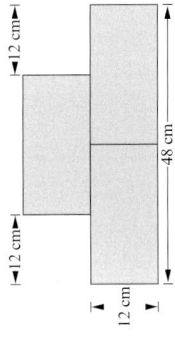
Beim Bau eines Einfamilienhauses ist eine tragende Innenwand noch nicht fertig. Sie soll eine Länge von 5,04 m und eine Höhe von 2,40 m haben. Der von den Maurern verwendete Steintyp hat eine Tiefe von 120 mm. Die folgende Skizze zeigt die Maße des Steins und wie die Wand gemauert werden soll.

a) Zeichne ein Schrägbild eines Steins. Ein Kästchen soll dabei drei Zentimeter entsprechen.

b) Wie viele ganze Steine sind in der fertigen Mauer?

zu a)

zu b) Rechnung:

240 : 12 = 20 Reihen übereinander
504 : 24 = 21 Steine pro Reihe
Jede zweite Reihe fasst einen ganzen Stein weniger, da die Steine versetzt aufgebaut werden.
10 · 21 + 10 · 20 = 410

Antwort: Die Mauer fasst 410 ganze Steine.

Netz von Quader und Würfel

▶ Grundwissen

Eine zusammenhängende Abwicklung aller Begrenzungsflächen eines Körpers nennt man auch **Körpernetz**.
Quadernetze bestehen aus sechs rechteckigen Begrenzungsflächen.
Ein besonderer Quader ist der Würfel. Würfelnetze bestehen aus sechs quadratischen Begrenzungsflächen.

$a = 2,1\text{ cm}$ $b = 1\text{ cm}$ $c = 0,7\text{ cm}$

▶ Auftrag: Entnimm dem abgebildeten Netz die Maße des Quaders.

Trainieren

1 Hier siehst du Würfelnetze. Färbe die Seitenflächen gleichfarbig, die am Würfel gegenüberliegen.

2 Färbe nur bei den Quadernetzen die Seitenflächen gleichfarbig, die am Quader einander gegenüberliegen.

3 Zeichne das Netz eines Quaders, der 4,6 cm lang, 4,1 cm breit und 2,3 cm hoch ist.

z. B.

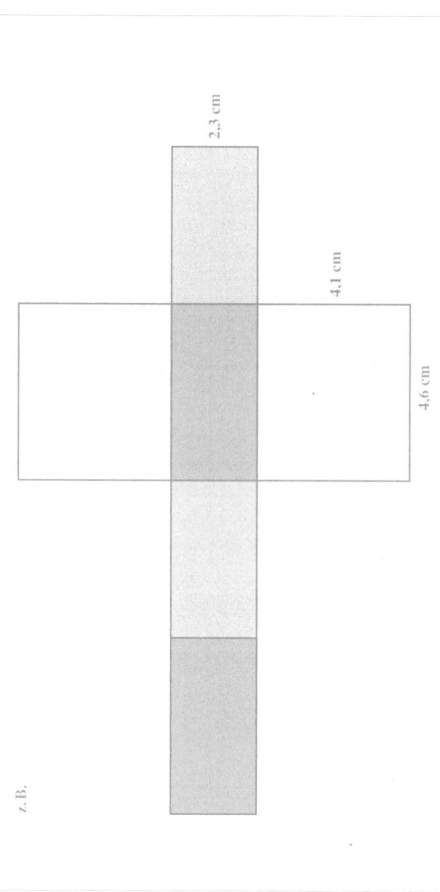

2,3 cm
4,1 cm
4,6 cm

Anwenden und Vernetzen

4 Phillip möchte einen Würfel basteln. Er hat festen Karton, auf dem sich ein Kästchenraster befindet. Zeichne für Phillip das Netz eines Würfels mit den richtig angelegten Zahlen von eins bis sechs, sodass die gegenüberliegenden Seiten des Würfels immer eine Summe von sieben ergeben.

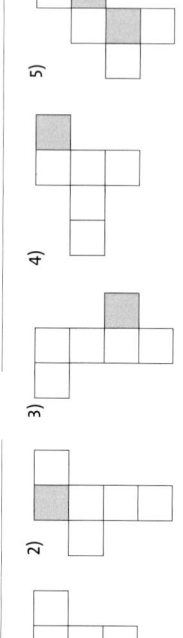

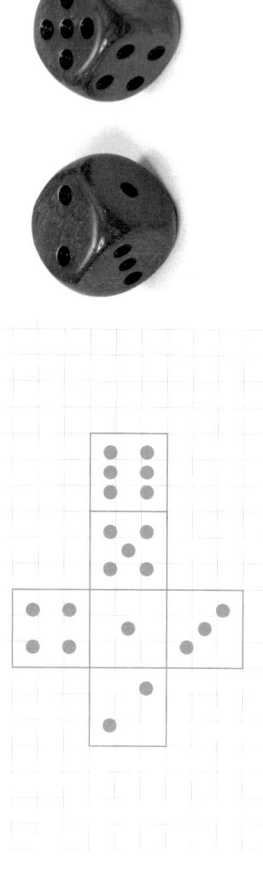

5 a) Welche Netze passen zum links abgebildeten Würfel? Beachte die Farben.
b) Aus welchen geometrischen Figuren setzt sich das Körpernetz zusammen?

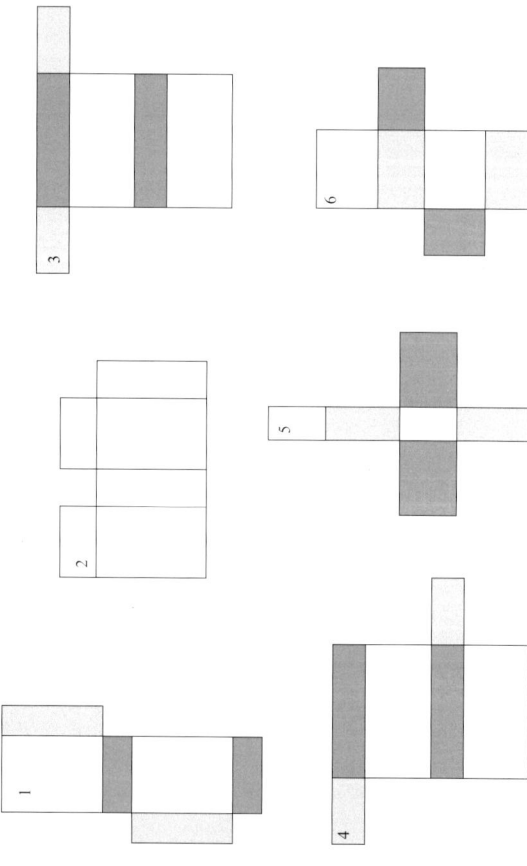

a) Netz 1 passt nicht zum abgebildeten Würfel.   b) Das Körpernetz setzt sich aus Quadraten zusammen.

Oberfläche von Quader und Würfel

▶ Grundwissen

Den **Oberflächeninhalt eines Quaders** kannst du schrittweise berechnen:
1. Berechne die Größen der drei verschiedenen Seitenflächen. Jede dieser Flächen kommt zweimal vor.
2. Addiere die Flächeninhalte der sechs Seitenflächen des Quaders.

Beachte: Länge, Breite und Höhe müssen in derselben Einheit angegeben sein. Sonst musst du umrechnen.

Beispiel:

$O = 2 \cdot 2\,\text{cm} \cdot 3\,\text{cm} + 2 \cdot 1\,\text{cm} \cdot 3\,\text{cm} + 2 \cdot 2\,\text{cm} \cdot 1\,\text{cm} = 12\,\text{cm}^2 + 6\,\text{cm}^2 + 4\,\text{cm}^2 = 22\,\text{cm}^2$

▶ **Auftrag:** Bestimme mithilfe des Körpernetzes den Oberflächeninhalt des Quaders.

Trainieren

1 Bestimme die Oberflächeninhalte.

a) Würfel mit 3 cm langen Kanten

$O = 6 \cdot 3\,\text{cm} \cdot 3\,\text{cm} = 54\,\text{cm}^2$

b) Quader mit 2 cm; 4 cm und 6 cm langen Kanten

$O = 2 \cdot 2\,\text{cm} \cdot 4\,\text{cm} + 2 \cdot 4\,\text{cm} \cdot 6\,\text{cm} + 2 \cdot 2\,\text{cm} \cdot 6\,\text{cm}$
$= 16\,\text{cm}^2 + 48\,\text{cm}^2 + 24\,\text{cm}^2 = 88\,\text{cm}^2$

2 Berechne die Oberflächeninhalte.

a) Würfel: $a = 5$ cm

$O = 6 \cdot 5\,\text{cm} \cdot 5\,\text{cm} = 150\,\text{cm}^2$

b) Quader: $a = 10$ mm; $b = 2{,}5$ cm; $c = 4$ cm

$O = 2 \cdot 1\,\text{cm} \cdot 2{,}5\,\text{cm} + 2 \cdot 4\,\text{cm} \cdot 1\,\text{cm} + 2 \cdot 4\,\text{cm} \cdot 2{,}5\,\text{cm}$
$= 5\,\text{cm}^2 + 8\,\text{cm}^2 + 20\,\text{cm}^2 = 33\,\text{cm}^2$

3 Die abgebildeten Körper bestehen aus Würfeln mit 1 cm Kantenlänge. Bestimme ihre Oberflächeninhalte.

a)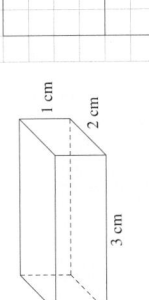

$O = 54\,\text{cm}^2$

b)

$O = 54\,\text{cm}^2$

c)

$O = 114\,\text{cm}^2$

4 Gib jeweils den Oberflächeninhalt für den Quader an.

	Länge	Breite	Höhe	Oberflächeninhalt
a)	3 cm	4 cm	5 cm	94 cm²
b)	2 dm	3 dm	1 dm	22 dm²
c)	5 mm	6 mm	4 mm	148 mm²
d)	20 mm	3 cm	1 dm	112 cm²
e)	12 cm	1 dm	2 dm	1120 cm²
f)	1 km	5 m	30 dm	16030 m²

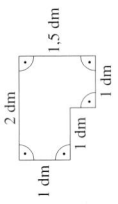

Anwenden und Vernetzen

5 Die Inhaberin vom Eiscafé Seeblick möchte 25 neue Sitzkissen herstellen. Die Sitzkissen sollen die Form eines Quaders haben. Es gibt zwei Kissenmuster für die Sitzkissen.
Das Muster A ist 38 cm lang, 42 cm breit und 38 mm hoch. Das Muster B ist 42 cm lang, 42 cm breit und 47 mm hoch.

Berechne den Oberflächeninhalt der Sitzauflagen.

Oberflächeninhalt eines Kissens von Muster A:
$2 \cdot 38\,\text{cm} \cdot 42\,\text{cm} + 2 \cdot 42\,\text{cm} \cdot 3{,}8\,\text{cm} + 2 \cdot 38\,\text{cm} \cdot 3{,}8\,\text{cm} = 3800\,\text{cm}^2 = 0{,}38\,\text{m}^2$

Oberflächeninhalt eines Kissens von Muster B:
$2 \cdot 42\,\text{cm} \cdot 42\,\text{cm} + 4 \cdot 42\,\text{cm} \cdot 4{,}7\,\text{cm} = 4317{,}6\,\text{cm}^2 = 0{,}43176\,\text{m}^2$

Der Oberflächeninhalt eines Kissens beträgt 0,38 m² bzw. 0,43176 m².

6 Zwei Eisenstützen für einen neuen Balkon sind 2,70 m lang. Sie haben die rechts abgebildete Grundfläche. Vor dem Einbau sollen sie mit Rostschutzmittel gestrichen werden. Die im Fachhandel angebotenen unterschiedlich großen Farbdosen reichen für 1,5 m² bzw. für 2 m². Wie viele Dosen jeder Sorte sollten gekauft werden?

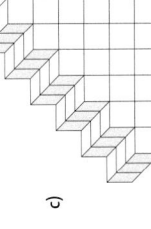

Flächeninhalte der Begrenzungsflächen:

2,5 dm² (oben bzw. unten); 54 dm²; 40,5 dm²;

27 dm²; 13,5 dm²; 27 dm²; 27 dm² (Seitenflächen)

im Uhrzeigersinn)

Summe: 194 dm² = 1,94 m² (je Stütze)

Zwei Dosen, die für 2 m² reichen, sollten gekauft werden.

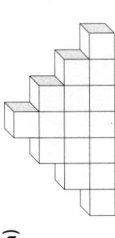

Vergleichen und Messen von Körpern

▶ Grundwissen

Der Rauminhalt eines Körpers wird auch **Volumen** genannt. Das Volumen gibt die Größe eines Körpers an. Können zwei Körper mit gleich vielen, gleich großen Teilkörpern ausgelegt werden, so haben sie dasselbe Volumen.

Umwandlung von Volumina:

$1\ m^3 = 1000\ dm^3$
$1\ dm^3 = 1000\ cm^3$
$1\ cm^3 = 1000\ mm^3$

Umwandlung von Raum- in Hohlmaße:

$1\ dm^3 = 1\ \text{Liter (l)}$
$1\ cm^3 = 1\ ml$

1 Liter (l) hat 1 000 Milliliter (ml).
Das **Volumen V eines Würfels** wird mit der Formel $V = a \cdot a \cdot a = a^3$ berechnet.

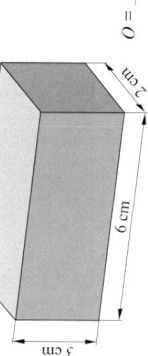

Das **Volumen V eines Quaders** wird mit der Formel $V = a \cdot b \cdot c$ berechnet.

Quader: $a = 4\ cm$; $b = 3\ cm$; $c = 7\ cm$ $V = 4 \cdot 3 \cdot 7\ cm^3 = 84\ cm^3 = 0{,}084\ dm^3 = 0{,}084\ l$

▶ **Auftrag:** Berechne das Volumen des Quaders mit den angegebenen Maßen. Gib das Ergebnis auch in Liter an.

Trainieren

1 Rechne in die nächstkleinere Einheit um.

a) $14\ m^3 =$ __14000__ dm^3
b) $0{,}08\ cm^3 =$ __80__ mm^3
c) $0{,}045\ dm^3 =$ __45__ cm^3

d) $1{,}02\ cm^3 =$ __1020__ mm^3
e) $200\ m^3 =$ __200000__ dm^3
f) $0{,}0003\ dm^3 =$ __0{,}3__ cm^3

2 Rechne in die nächstgrößere Einheit um.

a) $9000\ mm^3 =$ __9__ cm^3
b) $3700\ dm^3 =$ __3{,}7__ m^3
c) $438\ cm^3 =$ __0{,}438__ dm^3

d) $2010\ dm^3 =$ __2{,}01__ m^3
e) $16\ cm^3 =$ __0{,}016__ dm^3
f) $0{,}2\ mm^3 =$ __0{,}0002__ cm^3

3 Schreibe in Liter.

a) $40\ ml =$ __0{,}04__ l
b) $0{,}85\ m^3 =$ __850__ l
c) $18\ dm^3 =$ __18__ l

d) $237\ cm^3 =$ __0{,}237__ l
e) $4\ hl =$ __0{,}004__ l
f) $25000\ mm^3 =$ __0{,}025__ l

4 Berechne das Volumen der Quader. Achte dabei auf die unterschiedlichen Einheiten.

a)

Länge	Breite	Höhe	Volumen
10 cm	30 cm	6 cm	1800 cm³
8 dm	3 dm	5 dm	120 dm³
4 m	5 m	3 m	60 m³
20 cm	25 cm	12 cm	6000 cm³
1 cm	8 mm	70 mm	5,6 cm³ oder 5600 mm³
7 dm	2 cm	25 cm	35 dm³ oder 35000 cm³

b)

Länge	Breite	Höhe	Volumen
18 m	6 m	4 m	432 m³
9 cm	8 cm	2 cm	144 cm³
4 cm	7 cm	7 cm	196 cm³
15 dm	4 dm	3 dm	180 dm³
1 m	2 cm	6 cm	0,00012 m³ oder 1200 cm³
15 mm	1 cm	1 dm	0,015 m³; 15 m³ oder 15000 mm³

5 Rechne in die angegebene Einheit um.

a) $6800\ mm^3 =$ __6{,}8__ cm^3
b) $2250\ cm^3 =$ __2{,}25__ dm^3
c) $0{,}03\ m^3 =$ __30000__ cm^3

d) $1{,}75\ dm^3 =$ __1750__ cm^3
e) $4100\ mm^3 =$ __0{,}0041__ dm^3
f) $42\ cm^3 =$ __0{,}000042__ m^3

6 Schreibe in Liter.

a) $5000\ ml =$ __5__ l
b) $37500\ ml =$ __37{,}5__ l
c) $12785\ ml =$ __12{,}785__ l

d) $19520\ ml =$ __19{,}52__ l
e) $23585\ dm^3 =$ __23585__ l
f) $1200000\ cm^3 =$ __1200__ l

g) $528900\ cm^3 =$ __528{,}9__ l
h) $78500000\ mm^3 =$ __78{,}5__ l
i) $96510\ dm^3 =$ __96510__ l

7 Berechne die Oberfläche der beiden Körper.

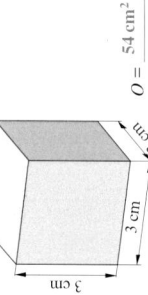

$O =$ __54__ cm^2

$O =$ __72__ cm^2

Anwenden und Vernetzen

8 Martin soll Schachteln mit Heftklammern in Pappkartons packen. Er hat zwei Sorten von Kartons zur Auswahl.

	Länge	Breite	Höhe
Schachtel mit Heftklammern	6 cm	4 cm	2 cm
Karton A	7 cm	8 cm	20 cm
Karton B	6 cm	13 cm	12 cm

a) Berechne das Volumen von Karton A und Karton B.

Antwort: __Karton A hat ein Volumen von 1120 cm³ und Karton B von 936 cm³.__

b) Wie viele Schachteln passen in welchen Karton? Beachte, dass Martin die Schachteln nicht zerschneiden darf.

Zeichne dazu die unterste Schicht im Karton, zähle die Schachteln in der Schicht und berechne, wie viele Schichten in jeden Karton passen. (1 Kästchen entspricht 2 cm).

Antwort: __20 Schachteln passen in Karton A und 18 Schachteln in Karton B.__

c) Gib die Volumina an, die in Karton A und Karton B leer bleiben.

Antwort: __1120 − 20 · 48 = 160; 936 − 18 · 48 = 72__

__160 cm³ bleiben in Karton A und 72 cm³ in Karton B leer.__

Daten

Negative Zahlen

▶ Grundwissen

Negative Zahlen sind kleiner als Null und werden mit einem Minuszeichen (−) gekennzeichnet. Sie stehen auf der Zahlengeraden links von der Null.
Positive Zahlen sind größer als Null und können mit einem Pluszeichen (+) gekennzeichnet werden. Sie stehen auf der Zahlengeraden rechts von der Null.

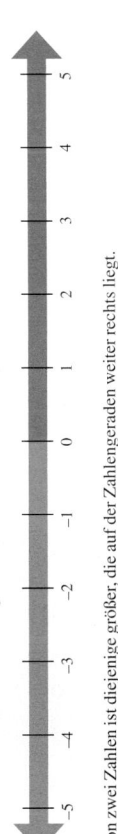

Von zwei Zahlen ist diejenige größer, die auf der Zahlengeraden weiter rechts liegt.
Zu jeder positiven Zahl gibt es eine negative **Gegenzahl** und umgekehrt.

Zahlen werden kleiner ← −5 −4 −3 −2 −1 0 1 2 3 4 5 → Zahlen werden größer

← sind Gegenzahlen zueinander

3; −4; 5; −1; −2; 0; −3; 2; 4   −4 < −3 < −2 < −1 < 0 < 2 < 3 < 4 < 5

▶ **Auftrag:** Ordne die Zahlen mithilfe der Zahlengeraden der Größe nach. Beginne mit der kleinsten Zahl.

Trainieren

1 Veranschauliche folgende Zahlen auf der Zahlengeraden.   2; −1; −7; 11; 7; 4; −12; −14; 5; −5; 0

−14 −12 −10 −7 −5 −1 0 2 4 5 7 10 11

2 Gib, wenn möglich, jeweils drei Zahlen an, die auf der Zahlengerade zwischen den gegebenen Zahlen liegen.

a) Zwischen −3 und 1 liegen 0; −1; −2   b) Zwischen 2 und −2 liegen 1; 0; −1
c) Zwischen −3 und −6 liegen nur −4 und −5   d) Zwischen −7 und 0 liegen −1; −2; −3

3 Fülle die Tabelle aus.

Zahl	12	−28	5,7	0,56	−129	2013	−41,8	−61,81	0,004
Gegenzahl	−12	28	−5,7	−0,56	129	−2013	41,8	61,81	−0,004

4 Vergleiche.

a) 15 > −7   b) −3,5 < 3,5   c) −7,2 < 2,7   d) −6,2 < −2,6

5 Ordne die Zahlen. −55; 10; 17; −11; −45; 24; −23; −28; 3

−55 < −45 < −28 < −23 < −11 < 3 < 10 < 17 < 24

6 Welche Zahl könnte die gesuchte Zahl sein? Gib, wenn möglich, mehrere Beispiele an.

a) Anne sucht eine natürliche Zahl, die höchstens einen Abstand von drei zu −2 hat.   0 und 1
b) Bert sucht eine natürliche Zahl, die mindestens einen Abstand von fünf zu 0 hat.   5; 6; 7; 8; 9; …

7 Gib mithilfe der Zahlengeraden an, um wie viel Grad die Temperatur jeweils steigt.

−10 −5 0 5 10

a) Die Temperatur steigt von −8 °C auf +1 °C.   b) Die Temperatur steigt von −2 °C auf +3 °C.
   Die Temperatur steigt um 9 Grad.   Die Temperatur steigt um 5 Grad.
c) Die Temperatur steigt von −4 °C auf +7 °C.   d) Die Temperatur steigt von −9 °C auf +9 °C.
   Die Temperatur steigt um 11 Grad.   Die Temperatur steigt um 18 Grad.

8 Folgende Brüche sind gegeben: $-\frac{1}{3}; \frac{1}{7}; -\frac{3}{8}; \frac{7}{9}; -\frac{5}{6}; \frac{2}{7}; -\frac{1}{3}; \frac{4}{7}$

a) Veranschauliche die Brüche auf der Zahlengeraden.

−1 $-\frac{5}{6}$ $-\frac{3}{8}$ $-\frac{1}{3}$ 0 $\frac{1}{7}$ $\frac{2}{7}$ $\frac{4}{7}$ $\frac{7}{9}$ 1

b) Gib für die Brüche Näherungswerte an. Runde dabei auf zwei Nachkommastellen.

$-\frac{1}{3} \approx -0{,}33$ $\frac{1}{7} \approx 0{,}14$ $-\frac{3}{8} \approx -0{,}38$ $\frac{7}{9} \approx 0{,}78$

$-\frac{5}{6} \approx -0{,}83$ $\frac{2}{7} \approx 0{,}29$ $-\frac{2}{3} \approx -0{,}67$ $\frac{4}{7} \approx 0{,}57$

c) Ordne die Brüche und ihre Näherungswerte der Größe nach.

$-\frac{5}{6}; -0{,}83; -0{,}67; -\frac{2}{3}; -0{,}38; -\frac{3}{8}; -\frac{1}{3}; -0{,}33; 0{,}14; \frac{1}{7}; \frac{2}{7}; 0{,}29; 0{,}57; \frac{4}{7}; \frac{7}{9}; 0{,}78$

d) Welcher Bruch kommt $\frac{1}{3}$ am nächsten? $\frac{1}{3} \approx 0{,}33$; also $\frac{2}{7} \approx 0{,}29$

Anwenden und Vernetzen

9 Gib zuerst den Sachverhalt mit einer Zahl an.
Schreibe danach die Gegenzahl und deren mögliche Bedeutung im Sachzusammenhang auf.

a) 2300 € Gewinn   Zahl: 2300   Gegenzahl: −2300
   Bedeutung der Zahl: 2300 € Verlust

b) 7 °C über Null   Zahl: 7   Gegenzahl: −7
   Bedeutung der Zahl: 7 °C unter Null

c) 3 Sekunden vor dem Start   Zahl: −3   Gegenzahl: 3
   Bedeutung der Zahl: 3 Sekunden nach dem Start

d) 2. Etage   Zahl: 2   Gegenzahl: −2
   Bedeutung der Zahl: 2. Untergeschoss

Häufigkeiten

▶ Grundwissen

Die absolute Häufigkeit gibt eine Anzahl an. Die relative Häufigkeit ist ein Anteil an der Gesamtzahl.

$$\text{relative Häufigkeit} = \frac{\text{absolute Häufigkeit}}{\text{Gesamtzahl}}$$

In einer Lostrommel befinden sich insgesamt 80 Lose. 7 Lose sind Gewinne.

relative Häufigkeit: $\frac{7}{80} = 8,75\%$

19 von 32 Schülern besitzen ein Haustier.

relative Häufigkeit: $\frac{19}{32} = 59,375\%$

▶ Auftrag: Gib die relativen Häufigkeiten der Ereignisse in Prozent an.

Trainieren

1 Lukas ist Torwart. Die Strichliste gibt an, wie viele Elfmeter von 20 von ihm 6 Trainingstagen gehalten wurden. Fülle den Rest der Tabelle aus.

Ergebnis	1	2	3	4	5	6
Anzahl	|||||	|||	||	||||	||	||||
absolute Häufigkeit	5	3	2	4	2	4
relative Häufigkeit Bruch	$\frac{5}{20} = \frac{1}{4}$	$\frac{3}{20}$	$\frac{2}{20} = \frac{1}{10}$	$\frac{4}{20} = \frac{1}{5}$	$\frac{2}{20} = \frac{1}{10}$	$\frac{4}{20} = \frac{1}{5}$
relative Häufigkeit Prozent	$0,25 = 25\%$	$0,15 = 15\%$	$0,1 = 10\%$	$0,2 = 20\%$	$0,1 = 10\%$	$0,2 = 20\%$

2 Die Polizei kontrolliert an 6 Tagen jeweils 12 Fahrräder. Die zweite Zeile der Tabelle gibt die absolute Anzahl der mangelhaften Fahrräder an den 6 Tagen an. Fülle den Rest der Tabelle aus.

Tag	1	2	3	4	5	6
absolute Häufigkeit	1	3	1	5	1	6
relative Häufigkeit	$\frac{1}{12} \approx 8,3\%$	$\frac{3}{12} = 25\%$	$\frac{1}{12} \approx 8,3\%$	$\frac{5}{12} \approx 41,7\%$	$\frac{1}{12} \approx 8,3\%$	$\frac{1}{2} = 8,3\%$

3 Ein Glücksrad wird 450-mal gedreht. Runde die Prozente auf eine Stelle nach dem Komma.

a) Vervollständige die Tabelle.

	blau	gelb	grau	grün
absolute Häufigkeit	113	131	100	106
relative Häufigkeit	$\frac{113}{450} \approx 25,1\%$	$\frac{131}{450} \approx 29,1\%$	$\frac{100}{450} \approx 22,2\%$	$\frac{106}{450} \approx 23,6\%$

b) Berechne die Häufigkeiten über die Größe der Kreisteile.

	blau	gelb	grau	grün
absolute Häufigkeit	90°	105°	80°	85°
relative Häufigkeit	$\frac{90}{360} = 25\%$	$\frac{105}{360} \approx 29,2\%$	$\frac{80}{360} \approx 22,2\%$	$\frac{85}{360} \approx 23,6\%$

4 Carla hat in ihrer Fußballmannschaft in der laufenden Saison pro Spiel folgende Anzahl von Toren geschossen.

| 2 | 4 | 0 | 0 | 1 | 1 | 2 | 1 | 3 | 2 | 1 | 0 | 3 |

Berechne die relative Häufigkeit der Ergebnisse.

Für das Ergebnis 0 Tore: $\frac{3}{13} \approx 0,23$; für das Ergebnis 1 Tor: $\frac{4}{13} \approx 0,31$; für das Ergebnis 2 Tore: $\frac{3}{13} \approx 0,23$

Für das Ergebnis 3 Tore: $\frac{2}{13} \approx 0,15$; für das Ergebnis 4 Tore: $\frac{1}{13} \approx 0,08$

5 Vergleiche jeweils beide relativen Häufigkeiten.

a) 7 Gewinne auf 83 Lose; 8 Gewinne auf 91 Lose

$\frac{7}{83} \approx 8,43\%$; $\frac{8}{91} \approx 8,79\%$ Die relative Häufigkeit ist bei 8 Gewinnen auf 91 Lose höher.

b) 7 Tore von 21 Schüssen; 9 Tore von 30 Schüssen

$\frac{7}{21} = \frac{1}{3} \approx 33,33\%$; $\frac{9}{30} = \frac{3}{10} = 30\%$ Die relative Häufigkeit ist bei 7 Toren von 21 Schüssen höher.

c) 191 von 1800 Autos; 68 von 750 Autos

$\frac{191}{1800} \approx 10,61\%$; $\frac{68}{750} \approx 9,07\%$ Die relative Häufigkeit ist bei 191 von 1800 Autos höher.

Anwenden und Vernetzen

6 Auf einem Langstreckenflug stehen zum Mittag drei verschiedene Gerichte zur Auswahl. 120 Passagiere wählen das Menü I. 225 Passagiere wählen Menü II und 50 Passagiere wählen Menü III. Ermittle die absoluten und die relativen Häufigkeiten. Runde die Prozentangaben auf ganze Zahlen.

	Menü I	Menü II	Menü III
absolute Häufigkeit	120	225	50
relative Häufigkeit	$\frac{120}{395} \approx 30\%$	$\frac{225}{395} \approx 57\%$	$\frac{50}{395} \approx 13\%$

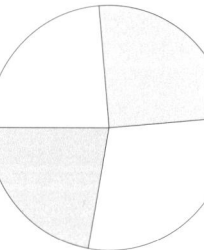

Antwort: Rund 30% der Passagiere wählen das Menü I. Das Menü II ist mit 57% das Beliebteste und Menü III wird mit 13% am seltensten verlangt.

7 250 Eltern von Kindern im dritten Lebensjahr wurden gefragt, wann sie ihr Kind normalerweise ins Bett bringen. Davon sagten 10 Eltern, dass ihr Kind bereits um 19:00 Uhr schläft. 90 Eltern legten ihr Kind zwischen 19:00 Uhr und 19:30 Uhr ins Bett. 80 der befragten Eltern gaben die Antwort, ihr Kind zwischen 19:30 Uhr und 20:00 Uhr hinzulegen. Zwischen 20:00 Uhr und 21:00 Uhr legten 60 Eltern ihr Kind ins Bett. Der Rest sagte, dass sie ihr Kind hinlegen, wenn es müde wird oder bereits eingeschlafen ist.
Stell die Ergebnisse tabellarisch mithilfe der absoluten und der relativen Häufigkeit dar.

Uhrzeit	vor 19:00	19:00 – 19:30	19:30 – 20:00	20:00 – 21:00	nach Bedarf
absolute Häufigkeit	10	90	80	60	10
relative Häufigkeit	$\frac{10}{250} = 4\%$	$\frac{90}{250} = 36\%$	$\frac{80}{250} = 32\%$	$\frac{60}{250} = 24\%$	$\frac{10}{250} = 4\%$

Relative Häufigkeit und Wahrscheinlichkeit

▶ Grundwissen

Bei gleichwahrscheinlichen Ergebnissen gilt:

Wahrscheinlichkeit eines Ereignisses = $\dfrac{\text{Anzahl der günstigsten Ergebnisse}}{\text{Anzahl der möglichen Ergebnisse}}$

Wenn man nicht davon ausgehen kann, dass die Ergebnisse gleich wahrscheinlich sind, dann muss die Wahrscheinlichkeit durch ein Experiment bestimmt werden.
Nach einer großen Zahl von Versuchen ändert sich die relative Häufigkeit für ein Ereignis nur noch wenig. Daher kann nach einer großen Zahl von Versuchen die relative Häufigkeit für ein Ereignis als Schätzwert für die Wahrscheinlichkeit eines Ereignisses verwendet werden.

In einer Lostrommel befinden sich insgesamt 80 Lose. 34 Lose sind Gewinne. 11 von 32 Schülern besitzen ein Haustier.

$P(\text{Gewinn}) = \dfrac{34}{80} = 4{,}25\%$ $P(\text{Schüler mit Haustier}) = \dfrac{11}{32} = 34{,}375\%$

▶ **Auftrag:** Gib die Wahrscheinlichkeiten der Ereignisse in Prozent an.

Trainieren

1 Die beiden Abbildungen zeigen jeweils die sechs Seiten eines Würfels.

Würfel

5		
4	6	2	5
3		

Würfel 2

	1	
4	1	2	1
	6	

a) Wie groß ist bei beiden Würfeln jeweils die Wahrscheinlichkeit, bei einem Wurf eine „Vier" zu würfeln?

Bei beiden Würfeln beträgt die Wahrscheinlichkeit eine „Vier" zu würfeln $\frac{1}{6}$.

b) Wie groß ist bei beiden Würfeln jeweils die Chance, bei einem Wurf eine Primzahl zu werfen?

{2,3,5,5} Bei Würfel 1 beträgt die Chance $\frac{4}{6} = \frac{2}{3}$. (2) Bei Würfel 2 beträgt die Chance $\frac{1}{6}$.

c) Wie groß ist bei Würfel 1 die Wahrscheinlichkeit, bei einem Wurf eine Zahl zu werfen, die größer als zwei ist?

Die Chancen mit Würfel 1 eine Zahl zu werfen, die größer als zwei ist, beträgt $\frac{5}{6}$.

2 Wie groß ist jeweils die Wahrscheinlichkeit,
einen Hauptgewinn oder eine Niete zu drehen?

■ Hauptgewinn

□ Kleingewinn

□ Niete

1)   2)

Bei Glücksrad 1 beträgt die Wahrscheinlichkeit einen Hauptgewinn zu drehen $\frac{1}{6}$.

Bei Glücksrad 2 beträgt die Wahrscheinlichkeit einen Hauptgewinn zu drehen $\frac{1}{8}$.

Bei Glücksrad 1 beträgt die Wahrscheinlichkeit eine Niete zu drehen $\frac{2}{6} = \frac{1}{3}$.

Bei Glücksrad 2 beträgt die Wahrscheinlichkeit eine Niete zu drehen $\frac{4}{8} = \frac{1}{2}$.

3 Gib die Wahrscheinlichkeit jeweils in Prozent an.

a) Aus einem Kartenspiel mit 32 Karten wird ein Ass gezogen. $P = \dfrac{4}{32} = \dfrac{1}{8} = 12{,}5\%$

b) Aus einem Kartenspiel mit 32 Karten wird eine Herzkarte gezogen. $P = \dfrac{8}{32} = \dfrac{1}{4} = 25\%$

c) Aus einem Karton mit 8 blauen und 14 weißen Kugeln wird eine blaue Kugel gezogen. $P = \dfrac{8}{22} = \dfrac{4}{11} \approx 36{,}36\%$

d) Mit einem normalen Spielwürfel wird eine Zahl gewürfelt, die kleiner als 5 ist. $P = \dfrac{4}{6} = \dfrac{2}{3} \approx 66{,}67\%$

e) Mit einem normalen Spielwürfel wird eine gerade Zahl gewürfelt, die kleiner als 6 ist. $P = \dfrac{2}{6} = \dfrac{1}{3} \approx 33{,}33\%$

f) Aus einem Karton mit 34 blauen, 27 gelben und 12 weißen Kugeln wird eine blaue Kugel gezogen. $P = \dfrac{34}{73} \approx 46{,}58\%$

g) In einer Tüte mit 104 Gummibärchen befinden sich gleichviele rote, grüne und weiße und gelbe Bärchen. Es wird kein rotes Gummibärchen gezogen. $P = \dfrac{104-26}{104} = \dfrac{78}{104} = \dfrac{3}{4} = 75\%$

Anwenden und Vernetzen

4 Carlos meint: „Wenn ich eine Heftzwecke hochwerfe, bleibt sie häufiger seitlich liegen als auf dem Rücken." Er wirft die Heftzwecke 500-mal und notiert dabei folgende Ergebnisse:

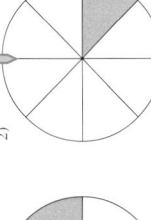

Anzahl der Würfe	50	100	150	200	500
absolute Häufigkeit der seitlichen Lage	26	58	84	116	285
relative Häufigkeit der seitlichen Lage	$\frac{26}{50} = 52\%$	$\frac{58}{100} = 58\%$	$\frac{84}{150} = 56\%$	$\frac{116}{200} = 58\%$	$\frac{285}{500} = 57\%$
absolute Häufigkeit der Rückenlage	24	42	66	84	215
relative Häufigkeit der Rückenlage	$\frac{24}{50} = 48\%$	$\frac{42}{100} = 42\%$	$\frac{66}{150} = 44\%$	$\frac{84}{200} = 42\%$	$\frac{215}{500} = 43\%$

a) Ergänze die Tabelle.

b) Wie hoch ist etwa die Wahrscheinlichkeit, dass die Heftzwecke beim nächsten Wurf auf der Seite liegenbleibt?

Die Wahrscheinlichkeit, dass die Heftzwecke auf der Seite liegenbleibt beträgt rund 57 %.

c) Kann die Wahrscheinlichkeit der Seitenlage der Heftzwecke beim nächsten Wurf berechnet werden? Begründe.

Da man nicht davon ausgehen kann, dass die Ergebnisse Seitenlage und Rückenlage gleich wahrscheinlich

sind, kann die Wahrscheinlichkeit nicht berechnet werden.

d) Gibt die relative Häufigkeit eines Ereignisses die Wahrscheinlichkeit des Ereignisses an?

Da die Wahrscheinlichkeit nicht berechnet werden kann, stellt die relative Häufigkeit für ein Ereignis nach

einer großen Zahl von Versuchen zumindest einen Schätzwert für die Wahrscheinlichkeit dar.

Mittelwerte bilden

▶ Grundwissen

Der **Zentralwert** steht in einer geordneten Datenreihe genau in der Mitte (wenn die Anzahl der Werte ungerade ist). Ist die Anzahl der Werte gerade, dann ist der Zentralwert der Durchschnitt aus den beiden mittleren Werten.

Der Zentralwert wird auch Median genannt.

Der **Durchschnitt** ist die Summe aller Werte, geteilt durch die Anzahl der Werte .

Der Durchschnitt wird auch arithmetisches Mittel genannt.

▶ Auftrag: Ergänze die Sätze.

▶ Trainieren

1 Ermittle den Zentralwert, den Durchschnitt und die Spannweite aller natürlichen Zahlen von 0 bis 12.

geordnete Datenreihe: 0; 1; 2; 3; 4; 5; 6; 7; 8; 9; 10; 11; 12   Zentralwert: 6

Durchschnitt: $(0+1+2+3+4+5+6+7+8+9+10+11+12) : 13 = 6$ Spannweite: 12

2 Ermittle den Zentralwert, den Durchschnitt und die Spannweite aller Zahlen von –5 bis 4.

geordnete Datenreihe: –5; –4; –3; –2; –1; 0; 1; 2; 3; 4   Zentralwert: –0,5

Durchschnitt: $(-5+-4+-3+-2+-1+0+1+2+3+4) : 10 = -0,5$ Spannweite: 9

3 Clara erhielt beim Würfeln folgende Augenzahlen. 3; 5; 6; 3; 1;   1; 2; 5; 5; 1;   6; 6; 4; 4; 3;   2; 5; 6; 1; 4
Ermittle den Zentralwert und den Durchschnitt.

geordnete Datenreihe: 1; 1; 1; 1; 2; 2; 3; 3; 3; 4; 4; 4; 5; 5; 5; 5; 6; 6; 6; 6   Zentralwert: 4

Durchschnitt: $73 : 20 = 3,65$

4 Ein sechsseitiger Würfel wurde 10-mal geworfen. Der Durchschnitt liegt bei 3,6, die Spannweite beträgt 5 und der Zentralwert ist 3,5. Schreibe eine dazu passende Datenreihe auf.
z. B.
1; 2; 2; 3; 3; 4; 5; 5; 6

5 Würfle mit einem beliebigen Spielwürfel 20-mal. Gib die Wurfergebnisse und deren Durchschnitt, Spannweite und Zentralwert an.

Wurfergebnisse: individuelle Lösungen

Durchschnitt: Zentralwert:

Spannweite:

6 In einer Klassenarbeit haben die Schülerinnen und Schüler folgende Punktzahlen erreicht.
17; 20; 15; 5; 8; 17; 11; 23; 25; 13; 10; 12; 13; 18; 9; 18; 6; 19; 16; 12; 20

a) Sortiere die Zahlen der Datenreihe nach der Größe.

5; 6; 8; 9; 10; 11; 12; 13; 13; 15; 16; 17; 17; 18; 18; 19; 20; 20; 23; 25

b) Bestimme den Punktedurchschnitt, die Spannweite und den Zentralwert.

Punktedurchschnitt: 14,62   Spannweite: 20   Zentralwert: 15

c) Zu dieser Klassenarbeit gehört folgender Notenspiegel.
Trage ein, bei wie vielen Punkten es vermutlich welche Note gab. Stelle die Notenverteilung in einem Diagramm dar.

Note	Anzahl		Note	Punkte
1	1		1	25 – 24
2	3		2	23 – 20
3	6		3	19 – 16
4	6		4	15 – 11
5	4		5	10 – 6
6	1		6	5 – 0

d) Bestimme folgende Kenngrößen der Notenverteilung.

Notendurchschnitt: 3,57   Spannweite: 5   Median: 4

e) Von wie viel Prozent der Schülerinnen und Schüler war die Leistung schlechter als „ausreichend"?

Von 5 der 21 Schülerinnen und Schülern war die Leistung schlechter als „ausreichend", dies sind etwa 24%.

f) Hanna erhielt eine 3. Wie könnte sie begründen, dass ihr Ergebnis gut ist?
z.B.
Ihre Note ist besser als der Durchschnitt.

Anwenden und Vernetzen

7 Besseres Wetter?

a) Vergleiche mithilfe von Durchschnitt, Spannweite und Zentralwert das Klima in Düsseldorf (oben) und auf Mallorca (unten).
z. B.

Durchschnitt: 10,3 °C < 15,8 °C;   15,9 > 15,0;   63,25 mm > 34,5 mm
Spannweite: 15,9 > 15,0;   33 mm < 54 mm
Zentralwert: 10,2 °C < 14,75 °C;   65 mm > 41,5 mm

Es stehen jeweils zuerst die Werte für Düsseldorf und danach für Mallorca.

b) Überlege dir drei Argumente, mit denen du eine Familie aus Düsseldorf vom Urlaub auf Mallorca überzeugen oder abraten könntest.

individuelle Lösung

Daten in Diagrammen darstellen und auswerten

▶ Grundwissen

Mithilfe von **Diagrammen** können Umfrageergebnisse veranschaulicht werden. Besonders Streifen- und Kreisdiagramme sind hierfür geeignet. Der ganze Streifen bzw. die ganze Kreisfläche entspricht dabei genau 100 %.

Bei **Streifendiagrammen** werden zuerst die relativen Häufigkeiten der einzelnen Ergebnisse als Bruchteile berechnet und anschließend durch entsprechende Bruchteile der Streifenlänge dargestellt.

Auch bei **Kreisdiagrammen** werden zuerst die relativen Häufigkeiten der einzelnen Ergebnisse berechnet und in Prozent angegeben. Anschließend berechnet man den entsprechenden Winkel des Kreissegments.

Augenfarbe	Häufigkeit
blau	5
grün	8
braun	12

▶ Auftrag: Stelle das Ergebnis der Befragung in einem Streifendiagramm dar.

blau 20%	grün 32%	braun 48%

Trainieren

1 In einer Schule wurden 300 Schüler nach ihrem Lieblingsessen gefragt.

Lieblingsessen	Stimmen
Nudeln	80
Pizza	90
Pommes	50
Hähnchen	40
sonstiges	40

a) Berechne jeweils die relative Häufigkeit.

Nudeln: $\frac{80}{300} = \frac{4}{15} \approx 26{,}7\%$ Hähnchen: $\frac{40}{300} = \frac{2}{15} \approx 13{,}3\%$

Pizza: $\frac{90}{300} = \frac{3}{10} = 30\%$ sonstiges: $\frac{40}{300} = \frac{2}{15} \approx 13{,}3\%$

Pommes: $\frac{50}{300} = \frac{1}{6} \approx 16{,}7\%$

b) Stelle die Daten in einem Säulendiagramm dar.

c) Stelle die relativen Häufigkeiten in einem Streifendiagramm dar.

27	30	16	13	x

■ Nudeln ■ Pizza ■ Pommes ■ Hähnchen ■ Sonstiges

d) Was fällt dir am Streifendiagramm auf?

Die relativen Häufigkeiten ergänzen sich zu 100 %.

e) Welches weitere Diagramm bietet sich je für die Daten und relative Häufigkeiten an?

Daten: Balkendiagramm   relative Häufigkeiten: Kreisdiagramm

---

2 Das Diagramm zeigt, welche Sportarten besonders beliebt sind. Bestimme jeweils die relative Häufigkeit der einzelnen Sportarten.

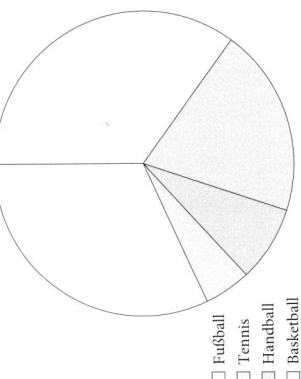

☐ Fußball
☐ Tennis
☐ Handball
☐ Basketball
☐ sonstige Sportarten

Fußball: $126° : 3{,}6° = 35\%$

Tennis: $72° : 3{,}6° = 20\%$

Handball: $28{,}8° : 3{,}6° = 8\%$

Basketball: $18° : 3{,}6° = 5\%$

sonstige Sportarten: $115{,}2° : 3{,}6° = 32\%$

---

3 Übertrage die folgenden Daten in ein Kreisdiagramm.

Anzahl der Geschwister	Häufigkeit
0	10
1	12
2	7
3 und mehr	3

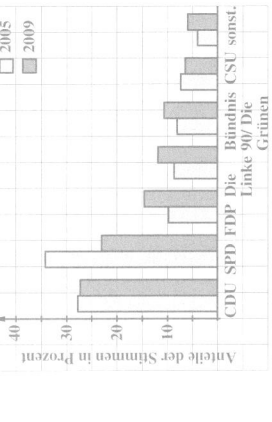

$\frac{10}{32} = \frac{5}{16} = 31{,}25\%$; $31{,}25 \cdot 3{,}6° = 112{,}5°$

$\frac{12}{32} = \frac{3}{8} = 37{,}5\%$; $37{,}5 \cdot 3{,}6° = 135°$

$\frac{7}{32} = 21{,}875\%$; $21{,}875 \cdot 3{,}6° = 78{,}75°$

$\frac{3}{32} = 9{,}375\%$; $9{,}375 \cdot 3{,}6° = 33{,}75°$

Anwenden und Vernetzen

4 Folgende Wahlergebnisse wurden bei den Bundestagswahlen in den Jahren 2005 und 2009 erzielt.

Name der Partei	2005 in %	2009 in %
CDU	27,8	27,3
SPD	34,2	23
FDP	9,8	14,6
Die Linke	8,7	11,9
Bündnis 90/Die Grünen	8,1	10,7
CSU	7,4	6,5
Sonstige	4,0	6,0

a) Stelle die Ergebnisse der Wahlen von 2005 und 2009 in einem Säulendiagramm dar.

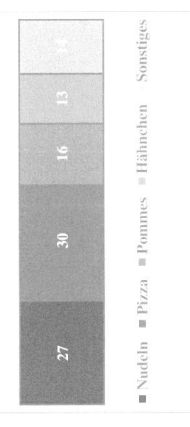

b) Stelle die Ergebnisse der Bundestagswahl von 2009 in einem Streifendiagramm der Länge 10,1 cm dar.

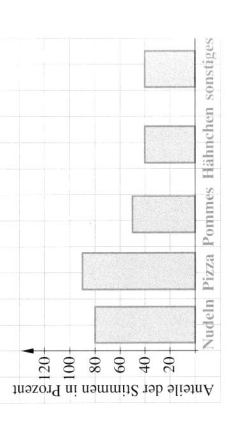

CDU	SPD	FDP	Die Linke	Bündnis 90/Die Grünen	CSU	sonstige
2,7 cm	2,3 cm	1,5 cm	1,2 cm	1,1 cm	0,7 cm	0,6 cm

Zuordnungen

▶ Grundwissen

Eine Zuordnung weist jedem Wert einer Menge einen oder mehrere Werte einer anderen Menge zu.
Zuordnungen kann man z. B. mithilfe von Diagrammen, Tabellen, Rechenvorschriften und Texten darstellen.

▶ **Auftrag:** Kreuze an.

Trainieren

1 Formuliere mithilfe der unten stehenden Begriffe drei sinnvolle Zuordnungen.

Preis in Euro	Bus	Tag	Datum
Anzahl an Bröttchen		Nummer	Schüler
Abfahrtszeit			

z. B.

Jedem Schüler einer Klasse kann im Klassenbuch eine Nummer zugeordnet werden.

Jedem Tag kann ein Datum zugeordnet werden.

Einem Bus kann eine Nummer zugeordnet werden.

Ein Brötchen kostet 40 ct.   ☒ wahr ☐ falsch

2 Temperaturverlauf

a) Welche Größe wird im Diagramm welcher Größe zugeordnet?

Jeder Tageszeit wird die Luft-

temperatur zugeordnet.

b) Wann wurde die höchste bzw. die tiefste Temperatur gemessen?
Gib jeweils die entsprechende Temperatur an.

höchste Temperatur: um 14:00 Uhr (13 °C)

tiefste Temperatur: um 04:00 Uhr (7 °C)

3 Ordne den natürlichen Zahlen von 5 bis 10 ihre Teiler zu.

Zahl	5	6	7	8	9	10
Teiler	1; 5	1; 2; 3; 6	1; 7	1; 2; 4; 8	1; 3; 9	1; 2; 5; 10

4 In einem Supermarkt kostet eine Tafel Schokolade 70 ct. Jedes Päckchen mit 5 Tafeln kostet 3,00 €.
Ergänze die Tabelle so, dass man den günstigsten Preis für 1 bis 10 Tafeln Schokolade ablesen kann.

Anzahl der Tafeln	1	2	3	4	5	6	7	8	9	10
Preis in Euro	0,70	1,40	2,10	2,80	3,00	3,70	4,40	5,10	5,80	6,00

5 Eine 30 cm hohe Vase mit quadratischer Grundfläche wird mit Wasser befüllt. Dabei steigt die Höhe der Wassersäule in 5 Sekunden um jeweils 3,5 cm.

a) Stelle die Zuordnung Zeit in Sekunden (s) → Füllhöhe in cm in einer Tabelle dar.

Zeit in s	0	5	10	15	20	25	30	35	40
Füllhöhe in cm	0	3,5	7	10,5	14	17,5	21	24,5	28

b) Stelle diese Zuordnung grafisch dar.

c) Nach wie vielen Sekunden ist die Vase bis zum Rand mit Wasser gefüllt? Lies das Ergebnis aus dem Diagramm ab.

Nach rund 43 Sekunden ist die Vase bis zum

Rand mit Wasser gefüllt.

Anwenden und Vernetzen

6 Fahrpläne von Zügen.

a) Beschreibe die Fahrt des ICE 940.
z. B.

Der ICE 940 fährt relativ langsam in Berlin los,

später ist er meist schneller – die Abschnitte

sind steiler. In Wolfsburg hält er an – waage-

rechter Abschnitt. Kurz nach 12:29 Uhr fährt

er bei Wolfsburg am ICE 845 vorbei. ...

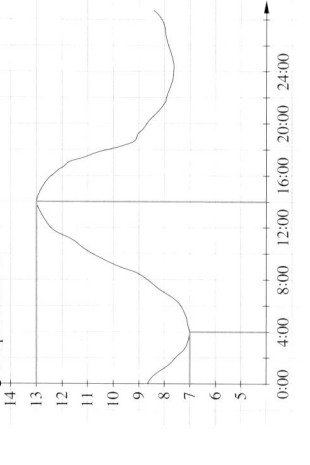

b) Erstelle einen Plan, wann die Züge die Bahnhöfe der folgenden Städte passieren.

	Berlin	Rathenow	Stendal	Wolfsburg	Hannover
ICE 940	11:21 Uhr	11:54 Uhr	12:02 Uhr	12:23 Uhr	12:57 Uhr
ICE 845	13:36 Uhr	13:04 Uhr	12:56 Uhr	12:35 Uhr	12:01 Uhr

c) Überschlage, wie viele Kilometer der ICE 940 etwa pro Stunde zurücklegen.

Der ICE 940 legt etwa 160 km pro Stunde zurück.

d) Der Interregio IR 2342 fährt um 11:26 Uhr in Berlin los, hält von 12:01 Uhr bis 12:05 Uhr in Rathenow, kommt um 12:20 Uhr in Stendal an, hat dort 10 Minuten Aufenthalt, hält von 12:59 Uhr bis 13:04 Uhr in Wolfsburg und kommt um 13:34 Uhr in Hannover an.
Veranschauliche im Diagramm die Fahrt des Interregio IR 2342.

Proportionale Zuordnungen mit dem Dreisatz

▶ Grundwissen

Bei einer proportionalen Zuordnung folgt aus der Verdopplung (Verdreifachung, ...) des Ausgangswertes die Verdopplung (Verdreifachung, ...) des zugeordneten Wertes. Halbiert (drittelt, ...) man den Ausgangswert, so wird auch der zugeordnete Wert halbiert (gedrittelt, ...).
Im Koordinatensystem liegen alle zugehörigen Punkte auf einem Strahl, der im Ursprung beginnt.

Beispiel:

Anzahl der Brötchen	3	12	1
Preis in Euro	0,90 €	3,60 €	0,30 €

·4   :12
·4   :12

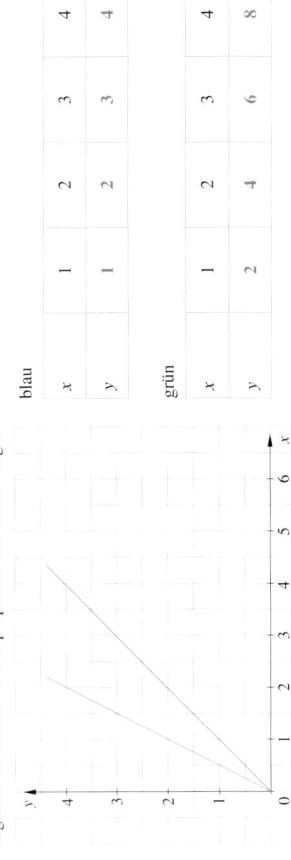

▶ Auftrag: Vervollständige das Beispiel.

Trainieren

1 Ergänze die Tabellen zu proportionalen Zuordnungen. Überlege dir jeweils eine passende Aufgabenstellung.

a)
Benzin in l	1	20	40	50		
Preis in €	1,40	28,00	56,00	70,00		

b)
Zeit in min		15	30	45	60
Wasser in l		90	180	270	360

c)
Arbeitszeit in h	10	20	30	40		
Lohn in €	80	160	240	320		

d)
Silber in cm³		5		10	30	40
Masse in g		52,5		105	315	420

e)
Länge in m	0,5	2,5	5	30		
Masse in kg	1,2	6	12	72		

f)
Zeit in h		$\frac{1}{4}$	1	1$\frac{1}{2}$	3
Weg in km		1	4	6	12

2 Veranschauliche die Zuordnungen im Koordinatensystem und entscheide jeweils, ob sie proportional sind.

a)
x	1	2	3	4	5	6
y	0,5	1	1,5	2	2,5	3

Proportionalität liegt vor.

b)
x	1	2	3	4	5	6
y	2	3	3,5	4	5	5,5

Proportionalität liegt nicht vor.

c)
x	1	2	3	4	5	6
y	1,5	2	2,5	3	3,5	4

Proportionalität liegt nicht vor.

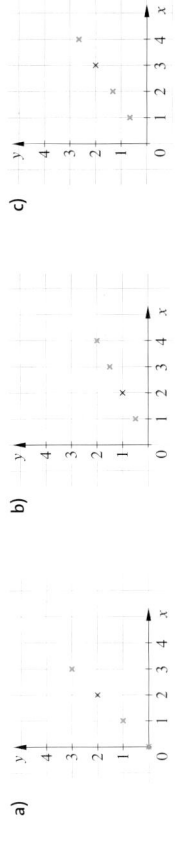

3 Ergänze die Tabellen zu den proportionalen Zuordnungen.

blau
x		1	2	3	4
y		1	2	3	4

grün
x		1	2	3	4
y		2	4	6	8

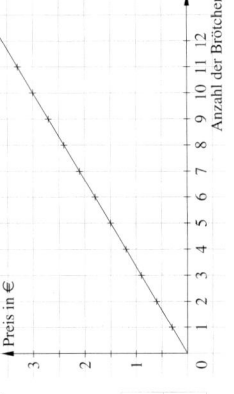

4 Ergänze die Koordinatensysteme jeweils um drei weitere Punkte, so dass proportionale Zuordnungen dargestellt sind.

a) b) c)

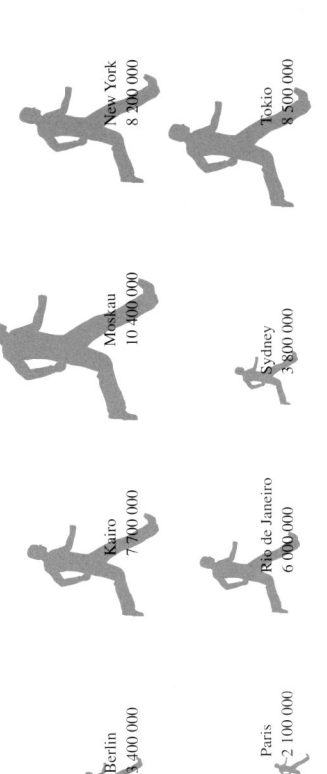

Anwenden und Vernetzen

5 Einwohnerzahlen einiger großer Städte

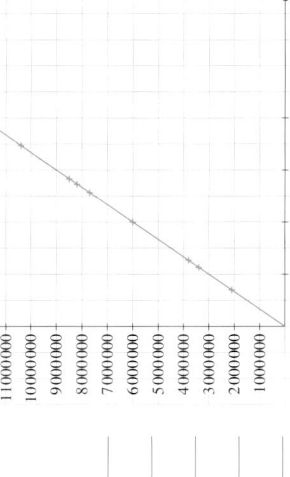

Berlin 3 400 000
Kairo 7 700 000
Moskau 10 400 000
New York 8 200 000
Paris 2 100 000
Rio de Janeiro 6 000 000
Sydney 3 800 000
Tokio 8 500 000

Veranschauliche die Zuordnung der Höhe der dargestellten Person zur Einwohnerzahl.
Woran ist zu erkennen, dass sie proportional ist?

Die eingezeichneten Punkte liegen auf einem

Strahl, der vom Ursprung des Koordinaten-

systems ausgeht.

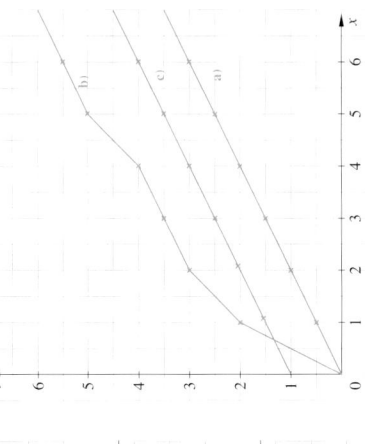

Kapitel Teilbarkeit

1 Welche Ziffer kann jeweils für das Sternchen (*) eingesetzt werden? Finde mehrere Möglichkeiten.

a) 704* ist durch 2 teilbar.   0; 2; 4; 6; 8
b) 56*4 ist durch 4 teilbar.   0; 2; 4; 6; 8
c) 56* ist durch 3 teilbar.   0; 3; 6; 9
d) 7*50 ist durch 6 teilbar.   0; 3; 6; 9
e) 356* ist durch 5 teilbar.   0; 5
f) 821* ist durch 10 teilbar.   0

2 Teiler und Vielfache

a) Gib alle Teiler an.

$T_{18} = \{$ 1; 2; 3; 6; 9; 18 $\}$

b) Bestimme jeweils den größten gemeinsamen Teiler.

ggT(18; 72) = 18   ggT(18; 66; 72; 78) = 6

c) Bestimme jeweils das kleinste gemeinsame Vielfache.

kgV(18; 72) = 72   kgV(18; 66) = 198

$18 = 2 \cdot 3 \cdot 3$
$72 = 2 \cdot 2 \cdot 2 \cdot 3 \cdot 3$
$66 = 2 \cdot 3 \cdot 11$
$18 = 2 \cdot 3 \cdot 3$

3 Schreibe als Summe zweier Primzahlen.

$12 = 5 + 7$ $18 = 5 + 13$ $24 = 5 + 19$ $40 = 3 + 37$

4 Von 6:30 bis 8:30 Uhr fahren jeweils, 2 Minuten nachdem ein Zug ankam, die Busse der Linien 13, 24 und 35 gleichzeitig vom zugehörigen Busbahnhof ab.

Die Busse der Linie 13 fahren ab 6:30 Uhr alle 20 Minuten.
Die Busse der Linie 24 fahren ab 6:30 Uhr alle 15 Minuten.
Die Busse der Linie 35 fahren ab 6:30 Uhr alle 12 Minuten.
Ermittle, wann die Busse gleichzeitig abfahren.

$V_{12} = \{12, 24, 36, 48, 60, ...\}; V_{15} = \{15, 30, 45, 60, ...\}$
$V_{20} = \{20, 40, 60, ...\}; kgV(12; 15; 20) = 60$

Die Busse fahren um 6:30 Uhr, um 7:30 Uhr und um 8:30 gleichzeitig ab. Der Abstand beträgt jeweils 60 min.

5 In einem Gefäß sind 72 rote, 60 grüne und 36 weiße Gummibärchen. Diese sollen in Tüten abgefüllt werden, sodass in jeder Tüte die gleiche Anzahl an roten, grünen und weißen Gummibärchen ist. Welche Anzahl an Tüten ist möglich?

$T_{72} = \{1, 2, 3, 4, 6, 8, 9, 12, 18, 24, 36, 72\}; T_{60} = \{1, 2, 3, 4, 5, 6, 10, 12, 15, 20, 30, 60\}$
$T_{36} = \{1, 2, 3, 4, 6, 9, 12, 18, 36\}; ggT(36; 60; 72) = 2 \cdot 2 \cdot 3 = 12$

Es sind 12 Tüten möglich. In den einzelnen Tüten sind dann jeweils 6 rote, 5 grüne und 3 weiße Gummibärchen.

Kapitel Brüche – Vergleichen, Addieren und Subtrahieren

1 Erweitere ...

a) mit 5: $\frac{3}{7} = \frac{15}{35}$
b) mit 5: $\frac{2}{13} = \frac{10}{65}$
c) mit 7: $\frac{3}{4} = \frac{21}{28}$
d) mit 9: $\frac{2}{3} = \frac{18}{27}$
e) mit 10: $\frac{3}{10} = \frac{30}{100}$
f) mit 2: $\frac{7}{8} = \frac{14}{16}$

2 Kürze so weit wie möglich.

a) $\frac{42}{100} = \frac{21}{50}$
b) $\frac{5}{20} = \frac{1}{4}$
c) $\frac{21}{49} = \frac{3}{7}$
d) $\frac{30}{45} = \frac{2}{3}$
e) $\frac{24}{36} = \frac{2}{3}$
f) $\frac{60}{70} = \frac{6}{7}$
g) $\frac{48}{60} = \frac{4}{5}$
h) $\frac{36}{39} = \frac{12}{13}$

3 Vergleiche die Brüche rechnerisch.

a) $\frac{5}{9}$ und $\frac{7}{10}$ $\frac{5}{9} = \frac{50}{90}; \frac{7}{10} = \frac{63}{90};$ 50 < 63; Ergebnis: $\frac{5}{9} = \frac{50}{90} < \frac{63}{90} = \frac{7}{10}$
b) $\frac{11}{25}$ und $\frac{13}{20}$ $\frac{11}{25} = \frac{44}{100}, \frac{13}{20} = \frac{65}{100};$ 44 < 65; Ergebnis: $\frac{11}{25} = \frac{44}{100} < \frac{65}{100} = \frac{13}{20}$
c) $\frac{5}{18}$ und $\frac{7}{27}$ $\frac{5}{18} = \frac{15}{54}, \frac{7}{27} = \frac{14}{54};$ 15 > 14; Ergebnis: $\frac{5}{18} = \frac{15}{54} > \frac{14}{54} = \frac{7}{27}$

4 Gib je drei Brüche an, die zwischen ...

a) $\frac{1}{5}$ und $\frac{4}{5}$: $\frac{1}{5} = \frac{2}{10} < \frac{3}{10} < \frac{4}{10} < \frac{5}{10} < \frac{8}{10} = \frac{4}{5}$ (Beispiellösung)
b) $\frac{2}{17}$ und $\frac{4}{17}$ liegen. $\frac{2}{17} = \frac{4}{34} < \frac{5}{34} < \frac{6}{34} < \frac{7}{34} < \frac{8}{34} = \frac{4}{17}$ (Beispiellösung)

5 Addiere und subtrahiere. Kürze, wenn möglich, das Ergebnis.

a) $\frac{2}{7} + \frac{4}{7} = \frac{6}{7}$
b) $\frac{9}{5} - \frac{4}{5} = \frac{5}{5} = 1$
c) $\frac{2}{9} + \frac{5}{18} = \frac{4}{18} + \frac{5}{18} = \frac{9}{18} = \frac{1}{2}$
d) $\frac{2}{3} - \frac{1}{4} = \frac{8}{12} - \frac{3}{12} = \frac{5}{12}$
e) $\frac{10}{7} - \frac{8}{6} = \frac{60}{42} - \frac{56}{42} = \frac{4}{42} = \frac{2}{21}$
f) $\frac{17}{15} - \frac{9}{20} = \frac{68}{60} - \frac{27}{60} = \frac{41}{60}$

6 Bei einer Klassenarbeit bekam die Hälfte der Klasse eine 2 oder eine 3. Ein Drittel der Klasse bekam eine 3, ein Achtel der Klasse bekam eine 1. Wie groß war der Anteil der Schüler, die eine 2 bekamen?

$\frac{1}{2} - \frac{1}{3} = \frac{3}{6} - \frac{2}{6} = \frac{1}{6}$ $\frac{1}{6}$ der Schüler bekamen eine 2.

7 Laurin und Caroline haben Bruchaufgaben mithilfe einer Zeichnung gelöst. Findest du heraus, welche Aufgaben es waren? Wie lauten die Ergebnisse?

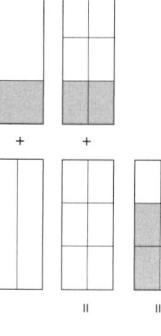

$\frac{1}{2} + \frac{1}{5} = \frac{5}{10} + \frac{2}{10} = \frac{7}{10}$

$\frac{1}{2} + \frac{1}{3} = \frac{3}{6} + \frac{2}{6} = \frac{5}{6}$

Kapitel **Dezimalbrüche – Umwandeln, Addieren und Subtrahieren**

1 Die folgenden Dezimalbrüche sind bereits auf Hundertstel gerundet worden. Nenne jeweils drei mögliche Ausgangszahlen.

a) 143,82

z. B. 143,818; 143,819; 143,821

b) 5091,45

z. B. 5091,449; 5091,451; 5091,454

2 Wandle Brüche in Dezimalbrüche um und umgekehrt.

a) $\frac{19}{100} = 0{,}19$ b) $\frac{3}{20} = 0{,}15$ c) $\frac{18}{25} = 0{,}72$

d) $\frac{96}{800} = 0{,}12$ e) $0{,}09 = \frac{9}{100}$ f) $0{,}8 = \frac{80}{100} = \frac{4}{5}$

3 Gib als Dezimalbruch und als vollständig gekürzten Bruch an.

a) $40\% = 0{,}4 = \frac{40}{100} = \frac{2}{5}$ b) $3\% = 0{,}03 = \frac{3}{100}$ c) $28\% = 0{,}28 = \frac{28}{100} = \frac{7}{25}$

4 Ordne die Dezimalbrüche jeweils der Größe nach. Beginne mit der kleinsten.

a) 0,452; 0,99; 0,254; 0,945; 0,989; 0,53

0,254 < 0,452 < 0,53 < 0,945 < 0,989 < 0,99

b) 5,83; 5,413; 5,9; 5,42; 5,417; 5,839

5,413 < 5,417 < 5,42 < 5,83 < 5,839 < 5,9

c) 0,777; 7,07; 0,007; 7,007; 7,7; 0,707

0,007 < 0,707 < 0,777 < 7,007 < 7,07 < 7,7

5 Wandle in gemeine Brüche um. Kürze, wenn möglich.

a) $0{,}18 = \frac{18}{100} = \frac{9}{50}$ b) $0{,}02 = \frac{2}{100} = \frac{1}{50}$ c) $1{,}54 = \frac{154}{100} = \frac{77}{50}$

6 Schreibe mit einem Periodenstrich.

a) $0{,}55\ldots = 0{,}\overline{5}$ b) $3{,}011\ldots = 3{,}0\overline{1}$ c) $0{,}45959\ldots = 0{,}4\overline{59}$ d) $4{,}0202\ldots = 4{,}0\overline{2}$

7 Gib jeweils zwei Streckenlängen an, die zwischen den folgenden Streckenlängen liegen.

a) 4,05 m und 4,10 m   z. B. 4,06 m und 4,08 m   b) 1,263 cm und 1,27 cm   z. B. 1,265 cm und 1,268 cm

c) 64,5 mm und 7,4 cm   z. B. 7 cm und 7,39 cm   d) 0,20 m und 21 cm   z. B. 0,205 m und 0,206 m

8 Schreibe die Zahlen richtig untereinander und berechne. Überschlage vorher.

a) $5{,}007 + 0{,}702 + 25{,}6$

$5 + 1 + 26 = 32$

		5	,	0	0	7
+		0	,	7	0	2
+	2	5	,	6	0	0
	3	1	,	3	0	9

b) $58{,}25 + 4{,}8 + 2{,}05$

$58 + 5 + 2 = 65$

	5	8	,	2	5
+		4	,	8	0
+		2	,	0	5
	6	5	,	1	0

c) $100{,}2 - 59{,}63 - 0{,}45$

$100 - 60 = 40$

	1	0	0	,	2	0
–		5	9	,	6	3
–			0	,	4	5
			4	0	,	1	2

Kapitel **Winkel**

1 Zeichne die Figur nach.

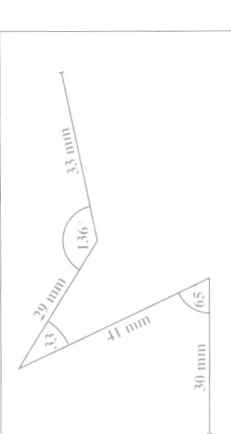

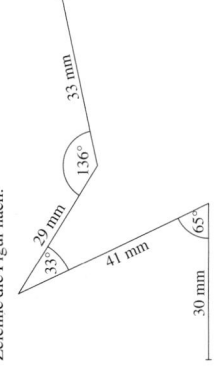

2 Ergänze jeweils zu einem Winkel mit der vorgegebenen Größe und gib die Winkelart an.

$\alpha = 70°$ $\beta = 24°$ $\gamma = 139°$ $\delta = 65°$

3 Bestimme, um wie viel Grad sich der Minutenzeiger einer Uhr bewegt.

a) 10 Minuten entsprechen 60°.

b) 25 Minuten entsprechen 150°.

c) 55 Minuten entsprechen 330°.

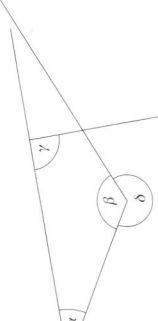

4 Winkel messen und zeichnen

a) Gib die Art und die Größe der Winkel an.

$\alpha = 31°$ spitzer Winkel

$\beta = 126°$ stumpfer Winkel

$\gamma = 90°$ rechter Winkel

$\delta = 234°$ überstumpfer Winkel

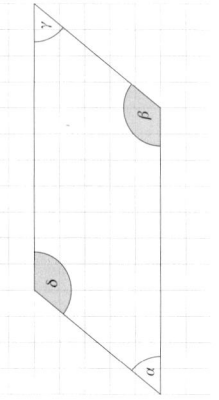

5 In der Zeichnung ist ein Parallelogramm zu sehen.

a) Miss die Winkel und gib ihre Größe in Grad an.

$\alpha = 51°$ $\beta = 129°$ $\gamma = 51°$ $\delta = 129°$

b) Welche Winkel sind gleich groß? Markiere sie mit gleichen Farben.

Kapitel Dezimalbrüche und Brüche – Multiplizieren und Dividieren

1 Berechne im Kopf.

a) $0{,}3 \cdot 4 = $ 1,2
b) $9{,}8 : 7 = $ 1,4
c) $12 \cdot 0{,}8 = $ 9,6
d) $1{,}2 : 6 = $ 0,2
e) $4{,}5 : 5 = $ 0,9
f) $0{,}09 \cdot 7 = $ 0,63
g) $2 \cdot 0{,}02 = $ 0,04
h) $1{,}8 : 0{,}6 = $ 3
i) $0{,}3 \cdot 0{,}4 = $ 0,12
j) $5 : 0{,}25 = $ 20
k) $6 : 1{,}5 = $ 4
l) $5 \cdot 0{,}03 = $ 0,15

2 Überschlage zuerst und dividiere schriftlich.

a) $2004{,}87 : 7$ $2000 : 10 = 200$

```
  2 0 0 4, 8 7 : 7 =  2 8 6, 4 1
- 0
  2 0
- 1 4
  6 0
- 5 6
    4 4
  - 4 2
    2 8
  - 2 8
      0 7
    -   7
        0
```

b) $69{,}21 : 0{,}9$ $70 : 1 = 70$

```
6 9 2, 1 :  9   =   7 6, 9
- 0
  6 9
- 6 3
    6 2
  - 5 4
      8 1
    - 8 1
        0
```

3 Für einen Euro bekam man am 14.05.2010 in der Wechselstube 1,409 Schweizer Franken.

a) Wie viel Schweizer Franken bekam man für 32 Euro?

```
3 2 · 1, 4 0 9
    3 2
+   1 2 8
+   0 0 0
+   2 8 8
+ 1
  4 5, 0 8 8
```

Für 32 Euro erhält man 45,09 Franken.

b) Eine Kugel Eis kostet 0,65 €. Wieviel ist das in Schweizer Franken?

```
0, 6 5 · 1, 4 0 9
      6 5
+   2 6 0
+   0 0 0
+   5 8 5
+ 1
  0, 9 1 5 8 5
```

0,65 Euro entsprechen 0,92 Franken.

4 Multipliziere. Gib, wenn möglich, das Ergebnis als gemischte Zahl an.

a) $\frac{3}{10} \cdot 9 = \frac{27}{10} = 2\frac{7}{10}$
b) $\frac{3}{4} \cdot 8 = \frac{24}{4} = 6$
c) $\frac{3}{4} \cdot 15 = \frac{45}{4} = 11\frac{1}{4}$
d) $\frac{1}{3} \cdot \frac{5}{8} = \frac{5}{24}$
e) $\frac{5}{3} \cdot \frac{3}{2} = \frac{15}{6} = 2\frac{3}{6} = 2\frac{1}{2}$
f) $\frac{18}{2} \cdot \frac{1}{11} = \frac{18}{22} = \frac{9}{11}$

5 Berechne drei Viertel von 5000 Einwohnern $\frac{3 \cdot 5000}{4} = \frac{15000}{4} = 3750$ Es sind 3750 Einwohner.

Kapitel Symmetrie

1 Überprüfe, ob die Figuren drehsymmetrisch sind. Gib gegebenenfalls den kleinsten Drehwinkel an.

a)

b)

c)

Ja, die Figur ist drehsymmetrisch. $\alpha = 120°$

Ja, die Figur ist drehsymmetrisch. $\alpha = 60°$

Ja, die Figur ist drehsymmetrisch. $\alpha = 45°$

2 Ergänze die vorgegebenen Figuren zu punktsymmetrischen Figuren mit dem Symmetriepunkt S.

a)

b)

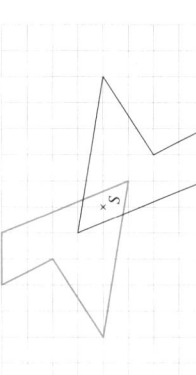

3 Die Figur a) ist drehsymmetrisch, wenn man die Farben berücksichtigt.
Färbe die Figuren b) und c) so, dass sie auch drehsymmetrisch sind, aber nicht achsensymmetrisch.

a)

b)

c)

(individuelle Lösung)

4 Führe jeweils eine Drehung um den Drehpunkt D mit folgenden Winkeln aus: 90°, 180°.

a)

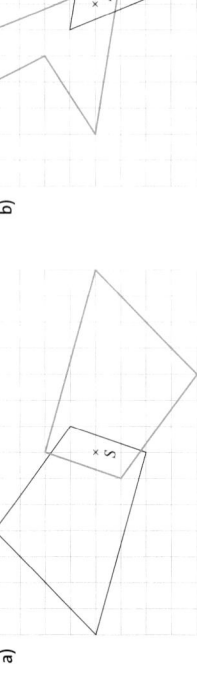

b)

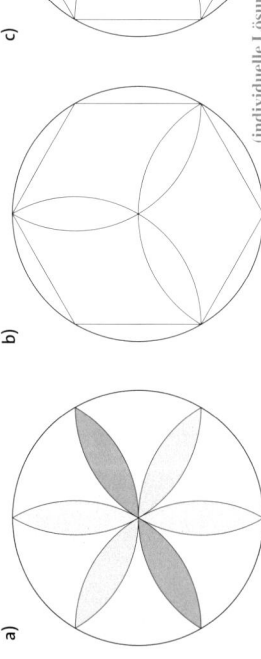

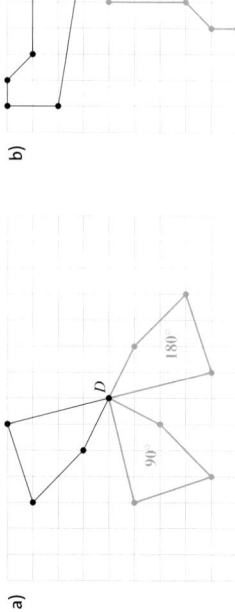

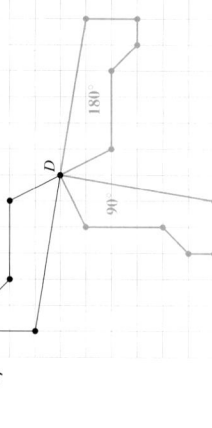

Kapitel Körper

1 Wandle in die gegebene Einheit um.

a) 6 500 cm³ = __6,5__ dm³ b) 0,3 m³ = __300__ dm³

c) 3,8 cm³ = __3800__ mm³ d) 0,0008 m³ = __800__ cm³

e) 14 l = __14__ dm³ f) 2 750 ml = __2,75__ l

2 Quader

Berechne das Volumen und den Oberflächeninhalt des Quaders, dessen Körpernetz abgebildet ist.

Oberflächeninhalt: 2 · 20 mm · 10 mm +

2 · 20 mm · 8 mm + 2 · 8 mm · 10 mm = 880 mm²

Volumen: 10 mm · 8 mm · 20 mm

= 1 600 mm³

3 Ergänze die Tabelle.

Würfel	Kantenlänge	Volumen	Oberflächeninhalt
A	2 dm	8 dm³	24 dm²
B	5 cm	125 cm³	150 dm²
C	10 mm	1 000 mm³	600 mm²

4 Die Firma Haller füllt Fruchtsaft in Getränkekartons. Die Designabteilung entwirft einen neuen quaderförmigen Karton für 0,7 l Orangensaft.

a) Die Maschinen der Firma können zwei Arten von Kartons herstellen.
Karton A hat 10 cm Länge und 10 cm Breite.
Karton B hat 14 cm Länge und 5 cm Breite.
Die Höhe kann an der Maschine eingestellt werden. Wie hoch muss Karton A bzw. Karton B werden, um 0,7 l zu enthalten?   0,7 l = 700 cm³

Karton A ist 7 cm hoch.   700 cm³ : 100 cm² = 7 cm

Karton B ist 10 cm hoch.   700 cm³ : 70 cm² = 10 cm

b) Die Materialkosten hängen von der Oberfläche ab. Berechne die Oberflächeninhalte von Karton A und Karton B.

2 (10 · 10 + 10 · 7 + 10 · 7) = 480

2 (14 · 5 + 14 · 10 + 5 · 10) = 520

Der Oberflächeninhalt von Karton A beträgt 480 cm².

Der Oberflächeninhalt von Karton B beträgt 520 cm².

Kapitel Daten

1 Lies die Datenlisten genau durch und ermittle den Durchschnitt und den Zentralwert.

a)
Name	Körpergröße
Nicole	165
Bettina	167
Katja	158
Yvonne	154
Sabrina	167
Sigrun	171
Elke	159

Summe aller Werte: __1 141__

Anzahl der Werte: __7__

Durchschnitt: __163__

Zentralwert: __165__

b)
Name	Schuhgröße
Christian	44
Sebastian	42
Jan	44
Phillip	40
Johannes	42
Ingo	43
Jens	40
Sven	41

Summe aller Werte: __336__

Anzahl der Werte: __8__

Durchschnitt: __42__

Zentralwert: __(42 + 42) : 2 = 42__

2 Ein Würfel wird 30-mal geworfen. Die Strichliste zeigt, wie oft die Augenzahlen gewürfelt wurden. Vervollständige die Tabelle mit den absoluten und relativen Häufigkeiten.

Augenzahl		1	2	3	4	5	6
Strichliste		۱۱۱۱۱	۱۱۱۱	۱۱۱۱۱	۱۱۱	۱۱۱۱۱۱۱	۱۱۱۱
absolute Häufigkeit		6	4	5	3	7	5
relative Häufigkeit	Bruch	$\frac{6}{30}=\frac{1}{5}$	$\frac{4}{30}=\frac{2}{15}$	$\frac{5}{30}=\frac{1}{6}$	$\frac{3}{30}=\frac{1}{10}$	$\frac{7}{30}$	$\frac{5}{30}=\frac{1}{6}$
	Prozent	20%	≈ 13%	≈ 17%	10%	≈ 23%	≈ 17%

3 In einer Umfrage wurde die Anzahl der Haustiere ermittelt. Stelle die Ergebnisse der Umfrage in einem Kreisdiagramm dar.

Anzahl der Haustiere	Häufigkeit
0	5
1	12
2	6
3 oder mehr	8

Kapitel Zuordnungen

1 Gib an ob es sich jeweils um eine proportionale Zuordnung handelt.

a) proportionale

x	4	7	10	24	50	70
y	48	84	120	268	600	720

b) keine proportionale

x	2	8	12	40	50	75
y	100	25	15	5	4	2,5

c) keine proportionale

x	2	4	6	8	10	
y	60	30	20	15	12	

d) proportionale

x	21	15	9	3	27
y	28	20	12	4	36

2 Ergänze die Tabellen. Es handelt sich um proportionale Zuordnungen.

a)

2	4	10	12	36	
7	14	35	42	126	

b)

5	10	25	50	70
4	8	20	40	56

3 Fortbewegung mit ...

a) Ergänze die Tabelle zu einer proportionalen Zuordnung und veranschauliche diese im Koordinatensystem.

Weg	Zeit
45 km	30 min
15 km	10 min
3 km	2 min
60 km	40 min
150 km	100 min
180 km	2 h

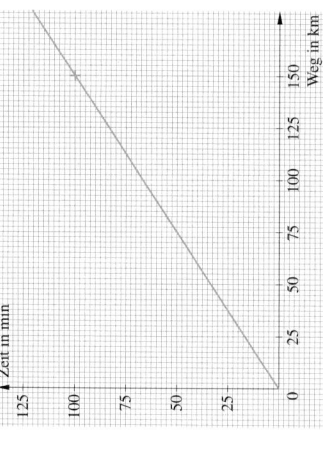

b) Unter welcher Voraussetzung ist die Zuordnung *Weg → Zeit* proportional?

Voraussetzung ist, dass die Fortbewegung mit gleich bleibender Geschwindigkeit erfolgt.

c) Welche der Rennstrecken passt am besten zum Diagramm bei Teilaufgabe **b**? Begründe deine Entscheidung.

☐ Start/Ziel   ☐ Start/Ziel   ☒ Start/Ziel

Jahrgangsstufentest

1 Schreibe die ersten sechs Vielfachen auf.

a) 21 $V_{21} = \{21; 42; 63; 84; 105; 126 ...\}$

b) 55 $V_{55} = \{55; 110; 165; 220; 275; 330 ...\}$

2 Gib jeweils den größten gemeinsamen Teiler an.

a) ggT (16; 38) = 2   b) ggT (60; 140) = 20   c) ggT (75; 175) = 25

3 Zeichne Winkel mit den angegebenen Größen und gib die Winkelart an.

a) 30°   b) 138°   c) 73°

 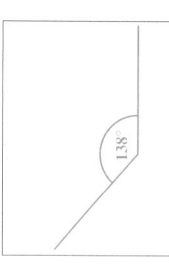 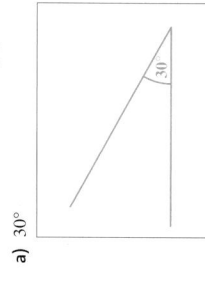

spitzer Winkel   stumpfer Winkel   spitzer Winkel

4 Schreibe den Dezimalbruch als gekürzten Bruch.

a) $0,28 = \frac{28}{100} = \frac{14}{50} = \frac{7}{25}$ b) $0,08 = \frac{8}{100} = \frac{4}{50} = \frac{2}{25}$ c) $1,16 = \frac{116}{100} = \frac{58}{50} = \frac{29}{25}$

5 Multipliziere. Gib, wenn möglich, das Ergebnis als gemischte Zahl an.

a) $\frac{3}{14} \cdot 9 = \frac{27}{14} = 1\frac{13}{14}$ b) $\frac{3}{19} \cdot 7 = \frac{21}{19} = 1\frac{2}{19}$ c) $\frac{3}{4} \cdot 16 = \frac{48}{4} = 12$

6 Addiere und subtrahiere. Kürze, wenn möglich, das Ergebnis.

a) $\frac{16}{15} - \frac{9}{20} = \frac{64}{60} - \frac{27}{60} = \frac{37}{60}$ b) $\frac{10}{7} - \frac{8}{6} = \frac{60}{42} - \frac{56}{42} = \frac{4}{42} = \frac{2}{21}$ c) $\frac{5}{9} + \frac{5}{18} = \frac{10}{18} + \frac{5}{18} = \frac{15}{18} = \frac{5}{6}$

7 Berechne das Volumen der Quader.

a) Länge 6 cm; Breite 13 cm; Höhe 30 cm.

$V = 6\,\text{cm} \cdot 13\,\text{cm} \cdot 30\,\text{cm} = 2340\,\text{cm}^3$

Das Volumen beträgt 2340 cm³.

b) Länge 15 cm; Breite 50 mm; Höhe 0,5 dm

$V = 15\,\text{cm} \cdot 5\,\text{cm} \cdot 5\,\text{cm} = 375\,\text{cm}^3$

Das Volumen beträgt 375 cm³.

8 Das sind die Einnahmen der Pension Morgentau in den letzten sechs Monaten. Berechne das arithmetische Mittel der Werte.

14 200 €	13 800 €	19 200 €	21 500 €	23 400 €	17 100 €

$\varnothing = \frac{14\,200\,€ + 13\,800\,€ + 19\,200\,€ + 21\,500\,€ + 23\,400\,€ + 17\,100\,€}{6} = \frac{109\,200\,€}{6} = 18\,200\,€$

Das arithmetische Mittel der letzten sechs Monate beträgt 18 200 €.

9 Setze jeweils das richtige Zeichen > oder < ein.

a) −7 < 6   b) 265 > −19   c) −2310 < −231

d) −21 > −55 e) −61 > −230   f) −41 > −49

10 Rechne mit dem Dreisatz.

a) 25 Musik-CDs ergeben aufeinander gestapelt einen Turm von 27,5 cm. Wie hoch ist der Turm bei 46 CDs?

CDs	Höhe in cm
25	27,5
1	1,1
46	50,6

:25 ↘ :25
·46 ↗ ·46

b) Lara bezahlt für 20 Liter Benzin 30,75 €. Ihr Tank fasst 55 Liter.

Benzin	Preis
20	30,75 €
1	1,5375 €
55	84,56 €

:20 ↘ :20
·55 ↗ ·55

11 Berechne.

a) sieben Achtel von 48 Schülern $\frac{7}{8} \cdot 48 = \frac{336}{8} = 42$ Es sind 42 Schüler.

b) $\frac{2}{5}$ von 60 Ameisen $\frac{2}{5} \cdot 60 = \frac{120}{5} = 24$ Es sind 24 Ameisen.

c) $\frac{5}{6}$ von 36 km $\frac{5}{6} \cdot 36 = \frac{180}{6} = 30$ Es sind 30 Kilometer.

12 Schreibe zuerst das Ergebnis des Überschlags auf. Rechne dann schriftlich.

a) 37,899 + 192,65   b) 7072,045 − 289,71   c) 649,876 + 239,511

40 + 190 = 230

```
    3 7, 8 9 9
+ 1 9 2, 6 5
  ─────────────
  1 1 1 1
  2 3 0, 5 4 9
```

7000 − 300 = 6700

```
  7 0 7 2, 0 4 5
−   2 8 9, 7 1
  ─────────────
  1 1 1 1
  6 7 8 2, 3 3 5
```

650 + 250 = 900

```
    6 4 9, 8 7 6
+ 2 3 9, 5 1 1
  ─────────────
          1 1
  8 8 9, 3 8 7
```

13 Berechne jeweils das Volumen der Quader.

a) Länge 8 cm; Breite 11 cm; Höhe 30 cm

$V = 8\,cm \cdot 11\,cm \cdot 30\,cm = 2640\,cm^3$

Der Rauminhalt beträgt 2640 cm³.

b) Länge 4 cm; Breite 50 mm; Höhe 0,5 dm

$V = 4\,cm \cdot 5\,cm \cdot 5\,cm = 100\,cm^3$

Der Rauminhalt beträgt 100 cm³.

14 Ergänze die fehlenden Zähler bzw. Nenner.

a) $\frac{8}{25} = \frac{40}{125}$ b) $\frac{2}{5} = \frac{10}{25}$ c) $\frac{7}{8} = \frac{35}{40}$ d) $\frac{4}{3} = \frac{20}{15}$

e) $\frac{5}{21} = \frac{15}{63}$ f) $\frac{28}{44} = \frac{7}{11}$ g) $\frac{33}{39} = \frac{11}{13}$ h) $\frac{6}{41} = \frac{12}{82}$

Jahrgangsstufentest

1 Schreibe die ersten sechs Vielfachen auf.

a) 21 _____   b) 55 _____

2 Gib jeweils den größten gemeinsamen Teiler an.

a) ggT (16; 38) = _____   b) ggT (60; 140) = _____   c) ggT (75; 175) = _____

3 Zeichne Winkel mit den angegebenen Größen und gib die Winkelart an.

a) 30°   b) 138°   c) 73°

4 Schreibe den Dezimalbruch als gekürzten Bruch.

a) 0,28 = _____   b) 0,08 = _____   c) 1,16 = _____

5 Multipliziere. Gib, wenn möglich, das Ergebnis als gemischte Zahl an.

a) $\frac{3}{14} \cdot 9 =$ _____   b) $\frac{3}{19} \cdot 7 =$ _____   c) $\frac{3}{4} \cdot 16 =$ _____

6 Addiere und subtrahiere. Kürze, wenn möglich, das Ergebnis.

a) $\frac{16}{15} - \frac{9}{20} =$ _____   b) $\frac{10}{7} - \frac{8}{6} =$ _____   c) $\frac{5}{9} + \frac{5}{18} =$ _____

7 Berechne das Volumen der Quader.

a) Länge 6 cm; Breite 13 cm; Höhe 30 cm

b) Länge 15 cm; Breite 50 mm; Höhe 0,5 dm

8 Das sind die Einnahmen der Pension Morgentau in den letzten sechs Monaten. Berechne das arithmetische Mittel der Werte.

14 200 €	13 800 €	19 200 €	21 500 €	23 400 €	17 100 €

9 Setze jeweils das richtige Zeichen > oder < ein.

a) −7 ☐ 6 b) 265 ☐ −19 c) −2310 ☐ −231

d) −21 ☐ −55 e) −61 ☐ −230 f) −41 ☐ −49

10 Rechne mit dem Dreisatz.

a) 25 Musik-CDs ergeben aufeinander gestapelt einen Turm von 27,5 cm. Wie hoch ist der Turm bei 46 CDs?

CDs	Höhe in cm
25	

b) Lara bezahlt für 20 Liter Benzin 30,75 €. Ihr Tank fasst 55 Liter.

Benzin	Preis
20	

11 Berechne.

a) sieben Achtel von 48 Schülern

b) $\frac{2}{5}$ von 60 Ameisen

c) $\frac{5}{6}$ von 36 km

12 Schreibe zuerst das Ergebnis des Überschlags auf. Rechne dann schriftlich.

a) 37,899 + 192,65 b) 7072,045 − 289,71 c) 649,876 + 239,511

13 Berechne jeweils das Volumen der Quader.

a) Länge 8 cm; Breite 11 cm; Höhe 30 cm

b) Länge 4 cm; Breite 50 mm; Höhe 0,5 dm

14 Ergänze die fehlenden Zähler bzw. Nenner.

a) $\frac{8}{25} = \frac{}{125}$ b) $\frac{2}{5} = \frac{}{25}$ c) $\frac{7}{8} = \frac{35}{}$ d) $\frac{}{3} = \frac{20}{15}$

e) $\frac{5}{21} = \frac{15}{}$ f) $\frac{}{44} = \frac{7}{11}$ g) $\frac{33}{39} = \frac{}{13}$ h) $\frac{6}{41} = \frac{12}{}$